الدكتور محمد علي الخولي

تَعَلَّم الإِمْلاءَ بِنَفْسِكَ

طبعة ١٩٩٨

الناشر	دار الفلاح للنشر والتوزيع
	ص. ب ٨١٨
	صويلح ١١٩١٠
	الأردن
	هاتف وفاكس ٥٤١١٥٤٧ - ٠٠٩٦٢٦

طبعة ١٩٩٨

• رقم الإجازة المتسلسل: ١٩٩٠/٧/٤٠٨

• رقم الإيداع لدى مديرية المكتبات والوثائق الوطنية ١٩٩٠/٧/٤٦٠

تعلم الإملاء بنفسك/ محمد علي الخولي.

ط٣- عمان: دار الفلاح للنشر والتوزيع، ١٩٩٠.

(٢١٦) ص

ر.أ اللغة العربية. إملاء أ- العنوان.

(تمت الفهرسة بمعرفة دائرة المكتبات والوثائق الوطنية).

الناشر   دار الفلاح للنشر والتوزيع

ص. ب ٨١٨

صويلح ١١٩١٠

الأردن

هاتف وفاكس ٥٤١١٥٤٧ - ٠٠٩٦٢٦

بسم الله الرحمن الرحيم

بسم الله الرحمن الرحيم

مقدمة

يلمس الكثير من العاملين في التعليم في المدارس أو المعاهد أو الجامعات حاجة الطلاب إلى المزيد من المران لتتحسن قدرتهم على الإملاء الصحيح.

ومن هنا نشأت لدي الرغبة في وضع هذا الكتاب ليساعد في التوعية والتدريب الإملائي.

ولقد راعيت في هذا الكتاب الأمور الآتية:

١. قدّمت القاعدة الإملائية بطريقة مبرمجة.

٢. أتاحة الفرصة للطالب أن يتعلم الإملاء ذاتياً عن طريق تقديم القاعدة الإملائية والتمارين الإملائية المصحوبة بالإجابات الصحيحة.

٣. في نهاية كل فصل، يوجد اختبار يجيب عليه الطالب، ثم يقارن إجاباته بالإجابات الصحيحة في آخر الكتاب.

٤. حرصت على تسهيل القواعد الإملائية ما أمكن ذلك.

٥. إذا كانت هناك طريقتان لكتابة كلمة، اخترت الطريقة التي تتمشى مع القاعدة الإملائية وتجنبت الطريقة التي تخرج عن القاعدة.

٦. اكتفيت بذكر الواجب وتحاشيت ذكر الجائز تسهيلاً لقواعد الإملاء.

ويتكون الكتاب من ثمانية فصول تغطي المشكلات الرئيسية في الإملاء العربي وهي: همزة الوصل وهمزة القطع، كتابة الهمزة، الألف الممدودة

والألف المقصورة، الحروف الشمسية والحروف القمرية، التاء المفتوحة والتاء المربوطة، الحروف المحذوفة، الحروف الزائدة، ووصل الكلمات، وكل فصل يتكون من وحدات فرعية، كل منها يتكون من إطارات تحمل أرقاماً متسلسلة من أول الفصل إلى آخره.

في كل إطار توجد كلمة محذوفة واحدة أو أكثر تجب إضافتها في ضوء الإطارات السابقة، وبعد أن يعطي الطالب الإجابة، يتأكد من صحة إجابته بمقارنتها بالجواب الصحيح المقابل والموجود في الهامش الأيسر، وهكذا فإن الكتاب يتبع أسلوب التعزيز الفوري: بعد أن يكتب الطالب جوابه يقارنه فوراً بالجواب الصحيح ليعرف إذا كان جوابه صحيحاً أم خاطئاً.

ولهذا، فإن هذا الطالب يستطيع ان يستخدم هذا الكتاب بمفرده أو بإشراف المدّرس، على حد سواء.

وأخيراً، آمل أن يكون هذا الكتاب نافعاً لكل من يريد أن يكتب اللغة العربية كتابة صحيحة.

وأسأل الله العون والتوفيق

دكتور محمد علي الخولي

المحتويات

طريقة استعمال الكتاب

للاستفادة القصوى من هذا الكتاب، يرجى التقيد بما يلي:

١. لا تعط الإجابة شفوياً، بل اكتب الإجابة كتابة.

٢. لا تزد حروفاً على السؤال، بل اكتب الإجابة كاملة في الفراغ المحاذي.

٣. افهم الإطار جيداً قبل أن تنتقل إلى الإطار الذي يليه، لأن كل إطار لاحق يعتمد على الإطارات السابقة.

٤. الخط الواحد يعني أن كلمة واحدة فقط محذوفة، إلاَّ إذا كان السؤال يعطي تعليمات مختلفة عن هذا.

٥. استعمل قلم رصاص لتتمكن من تعديل إجابتك إذا شئت.

٦. قبل أن تجيب، اقرأ الجملة حتى نهايتها.

٧. مكان الكتابة هو على الخط الذي تجده داخل الجملة أو تجده مقابل الكلمة أو تجده مقابل السؤال، المهم هو أن تكتب على الخط، وعلى الخط فقط.

٨. عندما تفتح صفحة جديدة من الكتاب، لا تنظر إلى الإجابات الصحيحة في الهامش الأيسر.

٩. استعمل قصاصة من ورق سميك طولها يساوي طول الكتاب وعرضها يساوي عرض الهامش الأيسر أو يزيد قليلاً.

١٠. استعمل هذه القصاصة لتغطية الإجابات الصحيحة في الهامش الأيسر.

١١. اقرأ كل إطار واكتب الجواب على الخط المعدّ لذلك.

١٢. بعد كتابة الجواب، أنزل القصاصة قليلاً بحيث ينكشف الجواب الصحيح لذلك الإطار فقط، لا تنزل القصاصة كثيراً فتنكشف إجابات عديدة تاليه في الهامش الأيسر.

١٣. قارن جوابك الذي كتبته بالجواب الصحيح في الهامش الأيسر لتعرف هل جوابك صحيح أم خاطئ.

١٤. إذا كان جوابك صحيحاً، فضع إشارة الصواب عند رقم الإطار.

١٥. إذا كان جوابك خطأ، فضعْ إشارة الخطأ عند رقم الإطار. واعرف ماهية الخطأ ويببه. ومن الممكن أن تعود إلى إطارات سابقة لتفهمها أفضل.

١٦. بعد أن تقطع عدة صفحات، ارجع إلى الإطارات التي أخطأت فيها. وحاول الإجابة عنها ثانية. كرر ذلك حتى تعطي الإجابة الصحيحة.

١٧. في نهاية كل فصل، يوجد اختيار. أجب عن أسئلة الاختبار. ثم قارن إجاباتك بالإجابات الصحيحة في الملحقات الموجودة في آخر الكتاب.

ضع لنفسك علامة من مئة لكل اختبار. وبعد إنهائك الكتاب كله، تستطيع أن تستخرج معدلك في الاختبارات الثمانية.

١٨. ضع علامتك لكل اختبار في ملحق (٩) في نهاية الكتاب، حيث تكوّن شجلاً متكاملاً لعلاماتك في الاختبارات الثمانية. استخرج مجموع الدرجات من ٨٠٠. ثم استخرج المعدل بقسمة المجموع على ثمانية فتكون فكرة عن قدرتك الإملائية.

الفصل الأول

همزة الوصل وهمزة القطع

همزة الوصل:

(١)

همزة الوصل ألف زائدة تلفظ همزة وتأتي في أول الكلمة للتخلص من النطق بالساكن، مثل افتح. وهي تنطق في أول الكلام وتحذف في وسطه.

(٢)

الهمزة في أول أمر الفصل الثلاثي همزة وصل. وهي همزة وصل أيضاً في أول ماضي الفعل الخماسي وأمره ومصدره، وأول ماضي الفعل السداسي وأمرة ومصدره.

(٣)

الأسماء التالية تبدأ بهمزة وصل: ابن، ابنة، اثنان، اثنتان، امرؤ، امرأة، اسم، وأول المثنى من (ابن، ابنة، امرؤ، امرأة، اسم).

(٤)

همزة أل التعريف همزة وصل أيضاً.

(٥)

حركة همزة الوصل الكسر، إلاَّ مع الفعل مضموم العين في المضارع، حيث تكون مضمومة، مثل اكتُب، وإلاَّ في حالة أل التعريف حيث تكون مفتوحة.

(٦)

همزة الوصل تأتي في ______ الكلمة فقط. أول

(٧)

همزة الوصل تظهر على شكل ______ دائماً، مثل اجلس. ألف

(٨)

نلفظ همزة الوصل إذا جاءت في ______ الكلام. أما إذا جاءت في وسطه فلا ______ بداية / تلفظ

(٩)

سبب استخدام همزة الوصل هو تجنب نطق ______ في أول الكلام. الساكن

(١٠)

الهمزة في (اكتبْ) همزة وصل لأن الفعل أمر ______ الثلاثي

(١١)

حركة الهمزة في (اجلسْ، اذهبْ، اغتسلْ، اعتمرْ) هي ______ الكسرة

(١٢)

حركة الهمزة في (أكتبْ، انصرْ، اهربْ) هي ______ لأن عين المضارع فيها مضمومة. — الضمة

(١٣)

معظم الأسماء المبدوءة بهمزة تكون همزتها همزة ______ — قطع

(١٤)

بعض الأسماء المبدوءة بهمزة تكون همزتها همزة ______ مثل ابن. — وصل

(١٥)

(ابن) أولها همزة ______ — وصل

(١٦)

(ابنة) أولها همزة ______ — وصل

(١٧)

(أنا، أنت، اسم، أنتم) تبدأ كل منها بهمزة قطع ما عدا كلمة ______ — اسم

(١٨)

(أولاد، أشبال، أسماء، امرؤ) تبدأ كل منها بهمزة ما عدا كلمة ______ — امرؤ

(١٩)

(ابن) تبدأ بهمزة وصل، وكذلك مثناها ______ — ابنان

(٢٠)

(ابنة) تبدأ بهمزة وصل، وكذلك مثناها ________ ابنتان

(٢١)

(اثنان) تبدأ بهمزة وصل، وكذلك كؤنثها ________ اثنتان

(٢٢)

(اسم) تبدأ بهمزة وصل، وكذلك مثناها ________ اسمان

(٢٣)

(امرأة) تبدأ بهمزة وصل، وكذلك مثناها ________ امرأتان

(٢٤)

(اجتمعَ) تبدأ بهمزة وصل لأنها ماضي ________ الخماسي

(٢٥)

(انحازَ) تبدأ بهمزة ________ لأنها ماضي الخماسي. وصل

(٢٦)

(اقترعَ) تبدأ بهمزة وصل لأنها ________ الخماسي. ماضي

(٢٧)

(اقترعْ) تبدأ بهمزة وصل لأنها ________ الخماسي. أمر

(٢٨)

(اقراعٌ) تبدأ بهمزة وصل لأنها ________ الخماسي. مصدر

(٢٩)

(استغفرَ) تبدأ بهمزة وصل لأنها ________ السداسي. ماضي

(٣٠)

(استغفار) تبدأ بهمزة وصل لأنها ______ السداسي. مصدر

(٣١)

(استغفرْ) تبدأ بهمزة وصل لأنها ______ السداسي. أمر

(٣٢)

(الرجل) تبدأ بهمزة وصل لأن همزة أل التعريف همزة ______ دائماً. وصل

(٣٣)

(أخذ، استولى، استعمل، استغفر) تبدأ كل منها بهمزة وصل ما عدا ______ أخذ

(٣٤)

(استدبرَ) تبدأ بهمزة وصل لأنها ماضي ______ السداسي

(٣٥)

(انتزعَ) تبدأ بهمزة وصل لأنها ماضي ______ الخماسي

(٣٦)

(استصغرْ) تبدأ بهمزة وصل لأنها أمر ______ السداسي

(٣٧)

(اقعدْ) تبدأ بهمزة وصل لأنها أمر ______ الثلاثي

(٣٨)

(اقترحْ) تبدأ بهمزة وصل لأنها أمر ______ الخماسي

(٣٩)

(التفاف) تبدأ بهمزة وصل لأنها مصدر ________ الخماسي

(٤٠)

(استكبار) تبدأ بهمزة وصل لأنها مصدر ________ السداسي

(٤١)

ماضي الخماسي إذا بدئ بهمزة تكون همزته همزة ________ دائماً. وصل

(٤٢)

(اجلسْ، اقعدْ، افهمْ، احفظْ) مشتقة من (جلسَ، قعدَ، فهم، حفظَ)، ولذا فهي تبدأ بهمزة وصل لأنها أمر ________ الثلاثي

(٤٣)

(اجلسْ، اقعدْ، افهمْ، احفظْ) تبدأ كل منها بهمزة ________ وصل

(٤٤)

(اجلسْ، اقعدْـ افهمْ، احفظ) تبدأ كل منها بهمزة وصل مكسورة ما عدا ________ التي تبدأ بهمزة وصل مضمومة. اقعدْ

(٤٥)

(اقعد) تبدأ بهمزة وصل مضمومة لأن عين ________ مضمومة في (يقعُد). المضارع

(٤٦)

همزة الوصل لا تأتي في ______ الكلمة ولا في ______ — وسط آخرها

(٤٧)

همزة الوصل تأتي في ______ الكلمة فقط بشرط أن تأتي الكلمة في — أول

أول ______ — الكلام

همزة القطع:

(٤٨)

همزة القطع قد تأتي في أول الكلمة أو وسطها أو آخرها، مثل أكل، يأكل، قرأ على التوالي.

(٤٩)

همزة القطع قد تكون مفتوحة أو مضمومة أو مكسورة، مثل أكل، أُكلل، إذن على التوالي.

(٥٠)

همزة القطع قد تأتي مع الاسم أو الفعل أو الحرف.

(٥١)

همزة القطع تلفظ دائماً وتكتب دائماً ولا تسقط إذا جاءت في وسط الكلام.

(٥٢)

همزة الوصل تأتي في أول الكلام فقط، ولكن همزة ______ قد تأتي في أوله أو وسطه أو آخره. — القطع

(٥٣)

(أكل) أولها همزة ________ . قطع

(٥٤)

إذا جاءت الهمزة في وسط الكلمة فهي همزة ________ قطع

(٥٥)

إذا جاءت الهمزة في ________ الكلام فقد تكون همزة قطع أو همزة وصل. بداية

(٥٦)

إذا جاءت الهمزة في ________ الكلمة فهي همزة قطع، مثل نَشَأَ. آخر

(٥٧)

إذا كانت الهمزة ________ الحركة في أول الكلمة فهي همزة وصل أو همزة قطع، مثل اجلس وإذن. مكسورة

(٥٨)

إذا كانت الهمزة ________ الحركة في أول الكلمة فهي همزة قطع، باستثناء همزة أل التعريف المفتوحة. مفتوحة

(٥٩)

همزة الوصل لا تكون ________ الحركة إلاَّ مع أل التعريف. مفتوحة

(٦٠)

همزة الوصل إما أن تكون مكسورة أو مفتوحة أو ________ مضمومة

(٦١)

همزة الوصل ______ الحركة غالباً. مكسورة

(٦٢)

همزة الوصل ______ الحركة مع أل التعريف فقط، مثل الولد، الرجل، الباب. مفتوحة

تمارين متنوعة

(٦٣)

إذا جاءت الهمزة مع الحرف فهي همزة ______ عادة. قطع

(٦٤)

همزة ______ لا تأتي مع الحروف باستثناء أل التعريف. الوصل

(٦٥)

همزة أل التعريف همزة ______ دائماً. وصل

(٦٦)

الهمزة في اول ماضي السداسي همزة ______ . وصل

(٦٧)

الهمزة في أول ماضي ______ همزة قطع، مثل أَخض، أَكل، أَمِنَ. الثلاثي

(٦٨)

الهمزة في أول مصدر ______ همزة قطع، مثل أخذٌ، أكلٌ، أمنٌ. الثلاثي

(٦٩)

الهمزة في أول ماض ______ همزة قطع، مثل أكرمَ، أحسنَ، أسلمَ   الرباعي

(٧٠)

الهمزة في أول أمر الرباهي همزة ______ مثل أكرمْ، أحسنْ، أسلمْ.   قطع

(٧١)

الهمزة في أول ______ الرباعي همزة قطع، مثل إكرام، إحسان، إسلام.   مصدر

(٧٢)

الهمزة التي تلفظ في جميع الحالات هي همزة ______.   الوصل

(٧٣)

الهمزة التي لا تلفظ وسط الكلام هي همزة ______   الوصل

(٧٤)

الهمزة التي تلفظ في أول الكلام فقط هي همزة ______   الوصل

(٧٥)

الهمزة التي تقبل جميع الحركات هي همزة ______ أو همزة الوصل.   القطع

(٧٦)

(أب، أخ، أخت، ابن) تبدأ كل منها بهمزة قطع ما عد ______   ابن

(٧٧)

(ابن، ابنان، ابنة، أسماء) تبدأ كل منها بهمزة وصل ما عدا ________ أسماء

(٧٨)

الهمزة في (أَمْ، أو، إنْ، أَنْ، إلى، إلاَّ، أَلاَ) همزة ________ قطع

(٧٩)

همزة ________ في (أجاءَ عليّ؟) همزة قطع. الاستفهام

(٨٠)

همزة النداء همزة ________، مثل أعليّ. قطع

(٨١)

الهمزة في أول المضارع همزة ________، مثل أَكتبُ، أسافرُ، أَستحسن. قطع

(٨٢)

(أَختارُ) في أولها همزة قطع لأنها فعل ________. مضارع

(٨٣)

الفعل الثلاثي مهموز الأول تكون همزته همزة قطع إلاَّ في صيغة ________. الأمر

(٨٤)

الفعل ________ مهموز الأول تكون همزته همزة قطع دائماً، مثل أحسنَ، أكرمَ. الرباعي

(٨٥)

الفعل ______ مهموز الأول تكون همزته همزة وصل دائماً، مثل اشترَكَ، ابتسمَ. — الخماسي

(٨٦)

الفعل ______ مهموز الأول تكون همزته همزة وصل دائماً، مثل استقبلَ، استشارَ. — السداسي

(٨٧)

مصدر الثلاثي المهموز الأول يبدأ بهمزة ______ . — قطع

(٨٨)

مصدر الرباعي المهموز الأول يبدأ بهمزة ______ . — قطع

(٨٩)

مصدر الخماسي المهموز الأول يبدأ بهمزة ______ . — وصل

(٩٠)

مصدر السداسي المهموز الأول يبدأ بهمزة ______ . — وصل

(٩١)

أعد كتابة كل كلمة مما يلي مضيفاً الهمزة في أول الكلمة إذا كانت الهمزة همزة قطع. أما إذا كانت الهمزة همزة وصل فأعد كتابة الكلمة كما هي.

اسم	______	اسم
اجتماع	______	اجتماع
اسْرَة	______	أسْرَة

اكْلٌ	________	أكْلٌ
انْ	________	أنْ
استيلاء	________	استيلاء
احتارَ	________	احتارَ
احتارُ	________	أحتارُ
امرأة	________	امرأة
ابنة	________	ابنة
الولد	________	الولد
اهتمام	________	اهتمام
احراج	________	إحراج
احسن	________	أحسنَ
اقبال	________	إقبال
استدبر	________	استدبر
الى	________	إلى
الوزن	________	الوزن
اعلمْ	________	اعلمْ
اكرمْ	________	أكرمْ
اجبْ	________	أجبْ
اجابَ	________	أجابَ
اجابة	________	إجابة
استولى	________	استولى
انا	________	أنا
اطاعَ	________	أطاعَ
انحياز	________	انحياز
اخ	________	أخ
اخْوان	________	إخوان
اخَوَان	________	أخَوَان

(٩٢)

(الكتاب) أولها همزة ـــــ لأن تبدأ بأل ـــــ — وصل التعريف

(٩٣)

(استقام) أولها همزة وصل لأنها ـــــ ـــــ — ماضي السداسي

(٩٤)

(انتهاء)أولها همزة وصل لأنها ـــــ ـــــ — مصدر الخماسي

(٩٥)

(افتْح) أولها همزة وصل لأنها ـــــ ـــــ — أمر الثلاثي

(٩٦)

(استدَلَّ) أولها همزة وصل لأنها ـــــ ـــــ — ماضي السداسي

(٩٧)

(امتحنْ) أولها همزة وصل لأنها ـــــ ـــــ — أمر الخماسي

(٩٨)

(اختلاف) أولها همزة وصل لأنها ـــــ ـــــ — مصدر الخماسي

(٩٩)

(استخراج) أولها همزة وصل لأنها ـــــ ـــــ — مصدر السداسي

(١٠٠)

(إعلاء) أولها همزة قطع لأنها ـــــ ـــــ — مصدر الرباعي

(١٠١)

(أَسعدَ) أولها همزة قطع لأنها ـــــ ـــــ — ماضي الرباعي

(١٠٢)

(استعملْ) أولها همزة وصل لأنها ــــــ ــــــ أمر السداسي

(١٠٣)

(أعلنْ) أولها همزة قطع لأنها ــــــ ــــــ أمر الرباعي

(١٠٤)

(أَنْ، إنْ، أَنَّ، إنَّ) أول كل منها همزة قطع لأنها ــــــ حروف

(١٠٥)

اكتب حركة الهمزة الموجودة في أول كل كلمة مما يلي؛ والحركة إما فتحة أو ضمة أو كسرة:

إلى	ــــــ	كسرة
إعراب	ــــــ	كسرة
استقبال	ــــــ	كسرة
إدخال	ــــــ	كسرة
أدخلَ	ــــــ	فتحة
اكتب	ــــــ	ضمة
اجلس	ــــــ	كسرة
ابحث	ــــــ	كسرة
انتظار	ــــــ	كسرة
انتظر	ــــــ	كسرة
انتظرْ	ــــــ	كسرة
انظُرْ	ــــــ	ضمة
أكرمَ	ــــــ	فتحة
أحسنَ	ــــــ	فتحة
انصُرْ	ــــــ	ضمة

احرُث	______	ضمة
اصمدْ	______	كسرة
اصعدْ	______	كسرة
أبٌ	______	فتحة
إخْوان	______	كسرة
الطفل	______	فتحة
البلد	______	فتحة
اجتهدَ	______	كسرة
اسمٌ	______	كسرة
إيّاك	______	كسرة
أتى	______	فتحة
أكملْ	______	فتحة
اصبرْ	______	كسرة
أستحسنُ	______	فتحة
استحسان	______	كسرة

(١٠٦)

همزة القطع على ألف أو واو أو ياء أو منفردة مع كتابة حرف الهمزة في جميع الحالات، مثل أكل، يسأَل، سؤال، سُئل، دفء. ألف

(١٠٧)

همزة ـــــ تكتب على ألف أو واو أو ياء أو منفردة مع كتابة حرف الهمزة في جميع الحالات، مثل أكل، يسْأَل، سؤال، سُئل، دف. القطع

(١٠٨)

هل الهمزة في أول كل كلمة مما يلي همزة وصل أم همزة قطع؟ ستظهر جميع الهمزات في هذا التمرين بنفس الشكل

لتمكينك من التفكير في الإجابة. والصحيح أن تظهر القطع ومعها حرف الهمزة.

البيتُ:	ـــــ ـــــ	همزة وصل
اسِفَ:	ـــــ ـــــ	همزة قطع
إلاَ:	ـــــ ـــــ	همزة قطع
استهانَ:	ـــــ ـــــ	همزة وصل
الآٌ:	ـــــ ـــــ	همزة قطع
اخٌ:	ـــــ ـــــ	همزة قطع
اسراُ:	ـــــ ـــــ	همزة قطع
امرؤٌ:	ـــــ ـــــ	همزة وصل
اسمانِ:	ـــــ ـــــ	همزة وصل
اسماءٌ:	ـــــ ـــــ	همزة قطع
ابنٌ:	ـــــ ـــــ	همزة وصل
ابناءٌ:	ـــــ ـــــ	همزة قطع
العبْ:	ـــــ ـــــ	همزة وصل
استعلاء:	ـــــ ـــــ	همزة وصل
اخراجٌ:	ـــــ ـــــ	همزة قطع
اثراء:	ـــــ ـــــ	همزة قطع
ايحاءٌ:	ـــــ ـــــ	همزة قطع
ايلام:	ـــــ ـــــ	همزة قطع
استهواءٌ:	ـــــ ـــــ	همزة وصل
استجداء:	ـــــ ـــــ	همزة وصل
استندَ:	ـــــ ـــــ	همزة وصل
اسهامٌ:	ـــــ ـــــ	همزة قطع
اسهمَ:	ـــــ ـــــ	همزة قطع
اشركَ:	ـــــ ـــــ	همزة قطع
اباءٌ:	ـــــ ـــــ	همزة قطع

امْنٌ:	ــــــ ــــــ	همزة قطع
افهمُ:	ــــــ ــــــ	همزة قطع
استنجدُ:	ــــــ ــــــ	همزة قطع
اسميّ:	ــــــ ــــــ	همزة
اسميه:	ــــــ ــــــ	همزة
ابنان:	ــــــ ــــــ	همزة
اعلامٌ:	ــــــ ــــــ	همزة قطع
اعلانٌ:	ــــــ ــــــ	همزة قطع
انعاشٌ	ــــــ ــــــ	همزة قطع
اكبرَ:	ــــــ ــــــ	همزة قطع
افهمَ:	ــــــ ــــــ	همزة قطع
اسمعْ:	ــــــ ــــــ	همزة قطع
ابصرْ:	ــــــ ــــــ	همزة قطع
ابصرَ:	ــــــ ــــــ	همزة قطع
ابصارٌ:	ــــــ ــــــ	همزة قطع
الملعب:	ــــــ ــــــ	همزة وصل
المكتبة:	ــــــ ــــــ	همزة وصل

الاختبار الأول

أضف الكلمة المناسبة في كل فراغ مما يلي؛ ثم قارن إجاباتك بالإجابات الصحيحة الموجودة في آخر الكتاب في ملحق (١)؛ ضع لنفسك علامة من مئة.

١. تلفظ همزة الوصل إذا جاءت في بداية ـــــــــ فقط.

٢. همزة ـــــــــ تكتب على ألف دون كتاب حرف الهمزة ذاته.

٣. (استبعدَ) أولها همزة وصل لأنها ـــــــــ ـــــــــ.

٤. (استقدمْ) أولها همزة وصل لأنها ـــــــــ ـــــــــ.

٥. (استكبارٌ) أولها همزة ـــــــــ لأنها مصدر السداسي.

٦. (أبلغَ) أولها همزة قطع لأنها ـــــــــ ـــــــــ.

٧. همزة ـــــــــ تلفظ في جميع الحالات وحيثما وقعت.

٨. (اجتهادٌ) أولها همزة وصل لأنها ـــــــــ ـــــــــ.

٩. (اذكرْ) أولها همزة وصل لأنها ____________ ____________

١٠. (المدرسة) أولها همزة وصل لأن أولها ____________ ____________

الفصل الثاني

كتابة الهمزة

كتابة همزة الوصل:

لا تأتي همزة الوصل إلا في ــــــــــ الكلمة. | بداية

(٢)

تكتب همزة الوصل دائماً على ــــــــــ مثل اكتبْ، اجلسْ، اسم | ألف

(٣)

لا يظهر حرف ــــــــــ على ألف همزة الوصل، لتمييز همزة الوصل عن همزة القطع. | الهمزة

(٤)

الهمزة في أول كلمة (ابن) همزة ــــــــــ ولكن الهمزة في أول كلمة (أبناء) همزة ــــــــــ . | وصل قطع

كتابة همزة القطع الأولية

(٥)

إذا وقعت همزة القطع في أول الكلمة ندعوها همزة قطع ــــــــــ (أولية/ متطرفة). | أولية

(٦)

إذا وقعت همزة القطع في وسط الكلمة ندعوها همزة قطع ـــــــــ (أولية / متوسطة) — متوسطة

(٧)

إذا وقعت همزة القطع في اخر الكلمة ندعوها همزة قطع ـــــــــ (متوسطة/ متطرفة). — متطرفة

(٨)

همزة ـــــــــ لا تقع في وسط الكلمة ولا في آخرها، بل في أولها فقط. — الوصل

(٩)

همزة القطع الأولية تكتب دائماً على ـــــــــ معها حرف الهمزة، مثل أَقدم، أُذنَ، إذْن. — ألف

(١٠)

همزة القطع الأولية تكتب على ألف معها حرف ـــــــــ . وهي بذلك تختلف عن همزة الوصل التي تكتب ألفاً دون حرف الهمزة. — الهمزة

(١١)

إذا كانت همزة ـــــــــ الأولية مفتوحة توضع الهمزة فوق الألف، مثل أَكل، أَسلم، أَخذ، أَنف. — القطع

(١٢)

إذا كانت همزة القطع الأولية ـــــــــ توضع الهمزة فوق الألف، مثل أُكِلَ، أُسِرَ. — مضمومة

(١٣)

مكسورة

إذا كانت همزة القطع الأولية ______ (مفتوحة/مكسورة) توضع الهمزة تحت الألف، مثل إفك، إثم.

(١٤)

فوق

توضع الهمزة ______ (فوق/تحت) الألف إذا كانت همزة القطع الأولية مفتوحة.

(١٥)

فوق

توضع الهمزة ______ (فوق/ تحت) الألف إذا كانت همزة القطع الأولية مضمومة.

(١٦)

تحت

توضع الهمزة ______ (فوق/ تحت) الألف إذا كانت همزة القطع الأولية مكسورة.

(١٧)

مفتوحة، مضمومة

توضع الهمزة فوق الألف إذا كانت همزة القطع الأولية ______ أو ______ .

(١٩)

أعد كتابة كل كلمة مما يلي واضعاً الهمزة فوق الألف أو تحتها إذا كانت الهمزة همزة قطع. وإذا لم تكن همزة قطع، فأعد كتابة الكلمة كما هي:

اَعمال	______	أعمال
ابراهيم	______	إبراهيم
اَفضل	______	أَفضل
اَنتم	______	أَنتم
اِياكم	______	إِياكم
اَرقٌ	______	أَرق
اَسرْع	______	أَسرعْ
اَنجدَ	______	أَنجدَ
اِبنان	______	اِبنان
اَلذي	______	اَلذي
اَلله	______	اَلله
اَلمشترك	______	اَلمشترك
اَلذين	______	اَلذين
اَبي	______	أَبي
اُكتبْ	______	أُكتبْ
أَكِلَ	______	أَكِلَ
اِنَّ	______	إِنَّ
اَنَّ	______	أَنَّ
إلاَ	______	إلاَّ
اِشرحْ	______	غِشرحْ
اِجتماعٌ	______	اِجتماعْ
اُذكر	______	أُذكر
اِجتماعيّ	______	اِجتماعي
اِقلاع	______	إقلاع
اِتحاد	______	اِتحاد
اشتراك	______	اِشتراك
اِشراك	______	إشراك

اِبتدائي	______	اِبتدائي
اِبداء	______	إبداء

(٢٠)

حكم همزة القطع الأولية في الكتابة يختلف عن حكم الهمزة المتوسطة والهمزة ______ .

المتطرفة

(٢١)

قد تسبق بعضُ الحروف همزة القطع الأولية فيبقى حكم الهمزة في الكتابة كما هو، أي تعامل على أساس أنها ما تزال همزة قطع ______ في جميع الحالات في رأي أغلبية العلماء باستثناء الكلمات لَئِنْ، لِئَلاّ، هؤلاء.

أولية

(٢٢)

بيِّن كيف تكتب كل كلمة مما يلي بعد زيادة الحرف الذي قبلها، لاحظ أن كل كلمة تبدأ بهمزة قطع.

آلـ + إكرام:	______	الإكرام
لِـ + إنشاء:	______	لإنشاء
لِـ + أتعلم:	______	لأتعلم
لَـ + أخوك:	______	لأخوك
لَ + أجتهدنَّ:	______	لأجتهدن
بِـ + إنجاز:	______	بإنجاز
كَـ + أسرة:	______	كأسرة
وَ + أسامة:	______	وأسامة
لِـ + ألاَّ:	______	لئلا
سَـ + أكون:	______	سأكون
أَ + أحمد:	______	أأحمد
فَـ + أنت:	______	فأنت

أ + إلقاء: ———— أَإلقاء

لَـ + إنْ: ———— لَئِنْ

(٢٣)

همزة القطع الأولية بعد أل التعريف تعتبر في حكم الهمزة ———— الأولية

مثل الأمس

(٢٤)

تبقى همزة القطع الأولية أولية في حكمها بعد ———— الجر، مثل لم

لإنشاء، لإسعاف، لإرسال.

(٢٥)

تبقى همزة القطع الأولية أولية في حكمها بعد لام ———— ولام التعليل

الجحود، مثل لِأدرسَ، لِأنامَ، لِأفهمَ، لِأعرفَ.

(٢٦)

تبقة همزة القطع الأولية أولية في حكمها بعد لام ———— (الابتداء/ الابتداء

الجر)، مثل لَأخوك.

(٢٧)

تبقى همزة القطع الأولية أولية في حكمها بعد لام ———— (الابتداء/ القسم

القسم)، مثل والله لَأصبرنَّ.

(٢٨)

تبقى همزة القطع الأولية أولية في حكمها بعد باء ———— الجر

(القسم/الجر)، مثل فاز بأرفع وسام.

(٢٩)

تبقى همزة القطع الأولية أولية في حكمها بعد ــــــــــ الجر، مثل كأبٍ، كأَخٍ. 　　　كاف

(٣٠)

تبقى همزة القطع الأولية أولية في حكمها بعد ــــــــــ مثل سأتكلم، سأشرح، سأسافر. 　　　السين

(٣١)

تبقى همزة القطع الأولية أولية في حكمها بعد ــــــــــ مثل وأنت، وأنا، وإياك. 　　　الواو

(٣٢)

تبقى همزة القطع ــــــــــ أولية في حكمها بعد الفاء، مثل فأرسل، فأسامة، فأتوقع. 　　　الأولية

(٣٣)

تبقى همزة القطع الأولية أولية في حكمها بعد همزة ــــــــــ مثل أأنت؟ أأسأله؟ 　　　الاستفهام

(٣٤)

تبقى همزة القطع الأولية أولية في حكمها بعد ــــــــــ النداء، مثل أأسامة، أإبراهيم! أأحمد! 　　　همزة

(٣٥)

تبقى همزة القطع الأولية أولية في حكمها في ــــــــــ (جميع/ معظم) الحالات إذا زيد حرف قبلها. 　　　معظم

(٣٦)

تبقى همزة القطع الأولية أولية في حكمها في ______ (جميع/ معظم) الحالات إذا زيد حرف قبلها باستثناء لَئِلاَّ، لَئِنْ، هؤلاء. — جميع

(٣٧)

في حاله (لِئلا) تعامل الهمزة كانها همزة ______ (اولية/ متوسطة). — متوسطة

(٣٨)

في حالة (فأُرسل) تعامل الهمزة كأنها همزة ______ — أولية

(٣٩)

في حالة (هؤلاء) تعامل الهمزة كأنها ______ — متوسطة

(٤٠)

في حالة (لَئِنْ) تعامل الهمزة كأنها ______. — متوسطة

(٤١)

اكتب سبب معاملة الهمزة كأنها همزة أولية عن طريق بيان ماهية الحرف السابق لها في كل مما يلي:

لأَبوكَ: الهمزة مسبوقة بِـ______ ______	لام الابتداء
لِأضارِكَ: الهمزة مسبوقة بِـ______ ______	لام التعليل
لِإدخالِ: الهمزة مسبوقة بِـ______ ______	لام الجر
الأَمْن: الهمزة مسبوقة بِـ______ ______	أل التعريف
بأحدثِ الطرق: الهمزة مسبوقة بِـ______ ______	باء الجر

فأنت: الهمزة مسبوقة بِـ ــــــ ــــــ		الفاء
وأنتم: الهمزة مسبوقة بِـ ــــــ ــــــ		الواو
سأكون: الهمزة مسبوقة بِـ ــــــ ــــــ		السين
والله لأدعوَنّ: الهمزة مسبوقة بِـ ــــــ		اللام
كأحداث: الهمزة مسبوقة بِـ ــــــ ــــــ		كاف الجر
أأنت؟ : الهمزة مسبوقة بِـ ــــــ ــــــ		همزة الاستفهام
أأحمد! : الهمزة مسبوقة بِـ ــــــ ــــــ		همزة النداء

(٤٢)

أضف همزة الوصل أو القطع الأولية المحذوفة محل الإشارة، وأعد كتابة الكلمة في الفراغ المقابل، تذكر إذا كانت الهمزة همزة وصل أن تضيف ألفاً فقط، وإذا كانت همزة قطع أن تضيف أَ، أُ، إِ.

- مْنٌ	ــــــ	أَمن
- سْمٌ	ــــــ	اسم
- نْتظِرْ	ــــــ	انتظر
- تناوَلُ	ــــــ	أَتناولُ
- نّما	ــــــ	إِنما
- نْقَشَعَ	ــــــ	انقشع
- يداعٌ	ــــــ	إِبداع
-وْدَعَ	ــــــ	أَودع
- يمانٌ	ــــــ	إِيمان
- سْتقلالٌ	ــــــ	استقلال
- فْتتاحٌ	ــــــ	افتتاح
- نْفتحَ	ــــــ	انفتح
- لْوَلَدُ	ــــــ	الولد
- سْتبشرْ	ــــــ	استبشر

- فْراجٌ	________	إِفراحِ
- فْرَاخٌ	________	أَفراخ
- مْرَأَتانِ	________	امرأتانِ
- ثْنَتَانِ	________	اثنتتانِ

(٤١)

في ضوء معرفتك بأحكام كتابة الهمزة الأولية، اذكر إذا كانت كل همزة فيما يلي قد كتبت على أساس أحكام الهمزة الأولية أم على أساس كونها همزة متوسطة.

الأولاد:	________	همزة أولية
مئة:	________	همزة متوسطة
سؤال:	________	همزة متوسطة
سأقول:	________	همزة أولية
الأَنا:	________	همزة أولية
وأنت:	________	همزة أولية
بإِذْن:	________	همزة أولية
بِئس:	________	همزة متوسطة
بُؤْس:	________	همزة متوسطة
الإسلام:	________	همزة أولية
فإذا:	________	همزة أولية
فَأْل:	________	همزة متوسطة
لُؤْم:	________	همزة متوسطة
لأُكرمنّه:	________	همزة أولية
الأهل:	________	همزة أولية
هؤلاء:	________	همزة متوسطة
لَئِنْ:	________	همزة متوسطة
لإصلاح:	________	همزة أولية

كتابة الهمزة المتوسطة:

(٤٤)

تكتب الهمزة المتوسطة على أساس مقارنة حركتها بحركة ما قبلها وعلى أساس أن الكسرة أقوى الحركات، تليها الضمة، ثم الفتحة، ثم السكون. وما يناسب الكسرة هو النبرة. وما يناسب الضمة هو الواو. وما يناسب الفتحة هو الألف. وما يناسب السكون هو الانفراد.

(٤٥)

في (يَأْمر) الفتحة أقوى من ______ ولهذا كتبت الهمزة على ما يناسب الفتحة، أي ______ — السكون الألف

(٤٦)

في (مُؤْمِن) الضمة أقوى من ______ ولهذا كتبت الهمزة على ما يناسب الضمة، أي ______ — السكون الواو

(٤٧)

في (مِئْزر) الكسرة أقوى من ______ ولهذا كتبت الهمزة على ما يناسب الكسرة، أي ______ — السكون النبرة

(٤٨)

الألف تناسب ______ . — الفتحة

(٤٩)

الواو تناسب ______ — الضمة

(٥٠)

النبرة تناسب ______ . — الكسرة

(٥١)

أقوى الحركات هي ـــــــ . الكسرة

(٥٢)

أضعف الحركات ـــــــ . السكون

(٥٣)

الكسرة ـــــــ (أقوى/ أضعف) من الضمة. أقوى

(٥٤)

الضمة ـــــــ (أقوى/ أضعف) من الكسرة أضعف

(٥٥)

الكسرة ـــــــ (أقوى/ أضعف) من الفتحة أقوى

(٥٦)

الفتحة ـــــــ (أقوى/ أضعف) من الضمة. أضعف

(٥٧)

الفتحة ـــــــ (أقوى/ أضعف) من السكون أقوى

(٥٨)

الفتحة ـــــــ (أقوى/ أضعف) من الكسرة أضعف

(٥٩)

الضمة ـــــــ (أقوى/ أضعف) من الفتحة. أقوى

(٦٠)

إذا كانت الهمزة المتوسطة مفتوحة بعد ضم، تكتب على ـــــــ ـــــــ واو، الفتحة
لأن الضمة أقوى من ـــــــ ـــــــ مثل مُؤَن.

(٦١)

إذا كانت الهمزة المتوسطة مفتوحة بعد كسر، تكتب على ـــــــــــ   نبرة، الفتحة

لأن الكسرة أقوى من ـــــــــــ فِئَة.

(٦٢)

إذا كانت الهمزة المتوسطة مفتوحة بعد فتح، تكتب على ـــــــــــ   ألف

مثل سَأَل.

(٦٣)

إذا كانت الهمزة المتوسطة مفتوحة بعد سكون، تكتب على ـــــــــــ   ألف، السكون

لأن الفتحة أقوى من ـــــــــــ مثل يسْأَل

(٦٤)

إذا كانت الهمزة المتوسطة مضمومة بعد فتح، تكتب على ـــــــــــ   واو، الفتحة

لأن الضمة أقوى من ـــــــــــمثل يقرَؤُه

(٦٥)

إذا كانت الهمزة المتوسطة مضمومة بعد كسر، تكتب على ـــــــــــ   نبرة، الضمة

لأن الكسرة أقوى من ـــــــــــ مثل قارِئون.

(٦٦)

إذا كانت الهمزة المتوسطة مضمومة بعد ضم، تكتب على ـــــــــــ   واو

مثل نُؤُم.

(٦٧)

إذا كانت الهمزة المتوسطة مضمومة بعد سكون، تكتب

على ـــــــ لأن الضمة أقوى من ـــــــ مثل لقاؤُه. واو، السكون

(٦٨)

إذا كانت الهمزة المتوسطة مكسورة بعد فتح، تكتب على ـــــــ نبرة، الفتحة

لأن الكسرة أقوى من ـــــــ مثل مطمَئِن

(٦٩)

إذا كانت الهمزة المتوسطة مكسورة بعد ضم، تكتب على ـــــــ نبرة، الضمة

لأن الكسرة أقوى من ـــــــ مثل سُئِل.

(٧٠)

إذا كانت الهمزة المتوسطة مكسورة بعد كسر، تكتب على ـــــــ نبرة

مثل مِئِين.

(٧١)

إذا كانت الهمزة المتوسطة مكسورة بعد سكون، تكتب على ـــــــ نبرة، السكون

لأن الكسرة أقوى من ـــــــ مثل جزْئِي.

(٧٢)

إذا كانت الهمزة المتوسطة ساكنة بعد فتح، تكتب على ـــــــ لأن ألف، السكون

الفتحة أقوى من ـــــــ مثل مَأْلوف.

(٧٣)

إذا كانت الهمزة المتوسطة ساكنة بعد ضم، تكتب على ـــــــ لأن واو، السكون

الضمة أقوى نم ـــــــ مثل رُؤْية.

(٧٤)

إذا كانت الهمزة المتوسطة ساكنة بعد كسر، تكتب على

______ لأن الكسرة أقوى من ______ مثل بِئْر. — نبرة، سكون

(٧٥)

في (رَأْس) الهمزة ساكنة بعد ______ — فتح

(٧٦)

في (لُؤْم) الهمزة ______ بعد ضم. — ساكنة

(٧٧)

في (ذِئْب) الهمزة ساكنة بعد ______. — كسر

(٧٨)

في (زَأَر) الهمزة المفتوحة بعد ______. — فتح

(٧٩)

في (يُؤَكد) الهمزة مفتوحة بعد ______. — ضم

(٨٠)

في (رُؤُوس) الهمزة مضمومة بعد ______. — ضم

(٨١)

في (بِئْسَ) ______ أقوى من ______ — الكسرة، السكون

(٨٢)

في (زَئِير) ______ أقوى من ______. — الكسرة، الفتحة

(٨٣)

في (رائع) ______ أقوى من ______. — الكسرة، السكون

(٨٤)

في (أسْئِلة) ______ أقوى من ______. — الكسرة، السكون

(٨٥)

في (يسْأَل) ______ أقوى من ______ .　　　الفتحة، السكون

(٨٦)

في (رَؤوم) ______ أقوى من الفتحة.　　　الضمة

(٨٧)

في (يُؤْمَر) ______ أقوى من السكون.　　　الضمة

(٨٨)

في كل كلمة مما يلي همزة متوسطة/ بيِّن الحركة الأقوى التي قررت طريقة كتابة الهمزة: هل هي الفتحة أم الضمة أم الكسرة أم السكون؟ اكتب اسم الحركة في الفراغ المحاذي للكلمة:

سيِّئَة	______	الكسرة
رِئَة	______	الكسرة
يُؤَمل	______	الضمة
تدفِئَة	______	الكسرة
يَأْس	______	الفتحة
ثَأْر	______	الفتحة
مَأْوى	______	الفتحة
يُؤْتى	______	الضمة
جِئْنا	______	الكسرة
اِلتَأَمَ	______	الفتحة
مُؤامرة	______	الضمة
يستهزِئَان	______	الكسرة
فَجْأَة	______	الفتحة

ينْأى	________	الفتحة
مَنشَؤُة	________	الضمة
فُؤُوس	________	الضمة

(٨٩)

في كل كلمة مما يلي همزة متوسطة. بين إذا كانت الهمزة قد كتبت على مثل حركتها هي أو على مثل حركة ما قبلها. ضع كلمة (هي) إذا كانت قد كتبت على مثل حركته؛ وضع (قبلها) إذا كانت قد كتبت على مثل حركة ما قبلها؛ وضع (كلاهما) إذا تماثلت الحركتان.

حياؤُها	________	هي
مسْؤُول	________	هي
يَؤُم	________	هي
فِئَة	________	قبلها
سَأَل	________	كلاهما
سُؤَال	________	قبلها
سُئِل	________	هي
يسْأل	________	هي
سَئِم	________	هي
مِئَات	________	قبلها
يُؤْذي	________	قبلها
جِئْت	________	قبلها
يسْأَل	________	هي
وَأْد	________	قبلها
متَأَلق	________	كلاهما
يُؤَرق	________	قبلها
تدفِئَة	________	قبلها

(٩٠)

في كل كلمة مما يأتي همزة متوسطة. اضكر اسم الحركة التي انهزمت أمام الحركة الأقوى. دقّق في حركة الهمزة، وحركة الحرف الذي قبلها وقرر أي الحركتين قد تلاشى تأثيرها أمام الأخرى.

مكد	________	الفتحه
دَؤُوب	________	الفتحة
رأْس	________	السكون
رَئِيس	________	الفتحة
رَأْي	________	السكون
مُؤَن	________	الفتحة
مَرْأَى	________	السكون
ناشِئَات	________	الفتحة
يُؤَاخي	________	الفتحة
جُرْأَة	________	السكون

(٩١)

أعط الفعل المضارع من كل مما يلي واكتب الفعل في الفراغ المحاذي واشكل الهمزة في الجواب والحرف الذي قبلها:

أمَرَ	________	يأْمر
أَخَذَ	________	يأْخذ
أُخِذَ	________	يُؤْخَذ
سَأَلَ	________	يَسْأَل

(٩٢)

حوّل الفعل من مخاطبة المفرد إلى مخاطبة المفردة:

ابدأ	________	ابدئي
اقرأ	________	اقرئي
اسأل	________	اسألي

(٩٣)

أضف ألف الاثنين إلى كل فعل مما يلي وأعد كتابة الكلمة في الفراغ المحاذي:

لجأ	________	لجأا
يبدأ	________	يبدأان
يقرأ	________	يقرأان
ينشأ	________	ينشأان
نشأ	________	نشأا
اقرأ	________	اقرأا
ابدأ	________	ابدأا
بدأ	________	بدأا

(٩٤)

في الإجابات السابقة في الإطار (٩٣) تعامل الهمزة على أساس أنها همزة ________ قطع   متوسطة

حالات خاصة للهمزة المتوسطة المفتوحة

(٩٥)

تنشأ الحالات الخاصة للهمزة المتوسطة المفتوحة إذا كانت الهمزة مسبوقة بحرف علة أو متبوعة بحرف علة.

(٩٦)

إذا كانت الهمزة المتوسطة مفتوحة ومسبوقة بألف ساكنة، تكتب الهمزة ــــــــ مثل قراءَة. | مفرد

(٩٧)

إذا كانت الهمزة المتوسطة مفتوحة ومسبوقة بواو ساكنة، تكتب الهمزةــــــــ مثل ضوْءَه | مفرد

(٩٨)

إذا كانت الهمزة المتوسطة مفتوحة ومسبوقة بياء ساكنة، تكتب الهمزة على ــــــــ مثل فَيْئَه، هَيْئَة. | نبرة

(٩٩)

إذا كانت الهمزة المتوسطة مفتوحة ومسبوقة بحرف مفتوح ومتبوعة بألف المد أو ألف التثنية، تدمج الهمزة مع هذه الألف وتكتبان على شكل ــــــــ عليها مدة، مثل مآكل وملجآن. | ألف

(١٠٠)

إذا كانت الهمزة المتوسطة مفتوحة ومسبوقة بصحيح ساكن ومتبوعة بالف مد غير متطرفة، تدمج الهمزة مع هذه الألف وتكتبان على شكل ألف عليها ــــــــ مثل ظمآن. | مدة

(١٠١)

إذا كانت الهمزة المتوسطة مفتوحة ومسبوقة بساكن ومتبوعة بألف الاثنين، تكتب الهمزة ــــــــ إذا كان الحرف الذي قبل الهمزة لا يوصل بما بعده مثل بِدْءان، أو على ــــــــ إذا كان الحرف الذي قبلها يقبل الوصل بما بعده مثل يُبْطئان. | منفردة / نبرة

(١٠٢)

(مآثر) حالة خاصة لأن الهمزة المفتوحة بعدها ــــــــ وما قبلها مفتوح. ‏ ‏ ‏ ألف مد

(١٠٣)

(مرآة) حالة خاصة لأن الهمزة المفتوحة قبلها صحيح ــــــــ وبعدها ــــــــ ‏ ‏ ‏ ساكن، ألف

(١٠٤)

(كفئان) حالة خاصة لأن الهمزة المفتوحة قبلها ساكن وبعدها ــــــــ ــــــــ ‏ ‏ ‏ ألف التثنية

(١٠٥)

(براءَة) حالة خاصة لأن الهمزة المفتوحة مسبوقة بـ ــــــــ ساكنة. ‏ ‏ ‏ ألف

(١٠٦)

(مقروءَة) حالة خاصة لأن الهمزة المفتوحة مسبوقة بواو ــــــــ ‏ ‏ ‏ ساكنة

(١٠٧)

(جريئَة) حالة خاصة لأن الهمزة المفتوحة مسبوقة بـ ــــــــ ــــــــ ‏ ‏ ‏ ياء ساكنة

(١٠٨)

بيّن إذا كانت كتابة الهمزة المتوسطة المفتوحة في كل مما يلي كتابة عادية أم كتابة استثنائية. وأقصد بالكتابة العادية الكتابة التي تخضع للقاعدة العامة للهمزة المتوسطة؛ وهي القاعدة التي

تكتب بها الهمزة حسب الحركة الأقوى ومقارنة حركة الهمزة بحركة الحرف الذي قبلها. وأما الكتابة الاستثنائية، فهي الكتابة التي لا تتم حسب هذه القاعدة العامة. اكتب (عادية) أو (استثنائية) في الفراغ المحاذي:

سَأَل	______	عادية
مُنْشآت	______	استثنائية
يُؤَجل	______	عادية
مخطِئين	______	عادية
نَشْأَة	______	عادية
مِرْآة	______	استثنائية
مَرْأى	______	عادية
دفْئان	______	استثنائية
تساءَل	______	استثنائية
سوْءَة	______	استثنائية
وِئام	______	عادية
مشيْئَة	______	استثنائية
قراءات	______	استثنائية

(١٠٩)

عدِّل الكلمة الأولى في ضوء التعليمات التي تتبعها واكتب التعديل في الفراغ المحاذي:

اكتَأَبَ + مضارع:	______	يكتَئب
يلتَئِم + ماضٍ:	______	التأم
تَأَخر + مضارع:	______	يَتَأخر
تَأَخر + اسم فاعل:	______	متَأخر
مكافأة + جمع مؤنث سالم:	______	مكافآت

مُنْشَأَة + جمع مؤنث سالم:	________	منشآت
بَدَأَ + ألف الاثنين:	________	بدأا
مَبْدَأ + مثنى:	________	مبدآن
أَلَّبَ + مضارع:	________	يُؤَلِّب
آخَذ + مضارع:	________	يُؤَاخذ
مِئَة + جمع مؤنث سالم:	________	مِئَات
نَأَى + مضارع:	________	يَنْأى
بطءْ + مثنى:	________	بطئان
جزء مثنى:	________	جزءان
جزء + مثنى:	________	كساءات
كساء + مثنى	________	كساءات
يتساءَل + ماضٍ:	________	تساءل
بطيء + تأنيث:	________	بطيئة
مأرب + جمع تكسير:	________	مآرب

(١١٠)

ألصق الكلمة الأولى بالكلمة الثانية لتصبحا وحدة واحدة وأدخل التعديلات الكتابية اللازمة:

سأل + وا =	________	سألوا
سلجأ + ان =	________	سلجأان
نَبَأ + ان	________	نبآن
يقرأ + ان =	________	يقرأان
مبتدأ + ان	________	مبتدآن
خَطَأ + ان =	________	خطآن
ينشأ + ان=	________	ينشأان
رزء + ان =	________	رزءان
قُرْء + ان =	________	قرءان

عبء + ان = ________ عبئان

كفء + ان = ________ كفئان

جاءَ + ه = ________ جاءه

أصدقاءَ + ك = ________ أصدقاءَك

ضوءْ + ان = ________ ضوءان

مقروء + ة = ________ مقروءَة

ضوءَ + ه = ________ ضوْءَه

هدوءً + ك = ________ هدوءَك

رديء + ة = ________ رديئة

يسيء + ان = ________ يسيئان

شيء + ان = ________ شيئان

بريء +ة = ________ بريئة

قراءة + ات = ________ قراءات

(١١١)

أعط اسم الفاعل من كل فعل مما يل:

آزَرَ ________ مُؤَازِر

أَلَّف ________ مُؤَلِّف

آمَنَ ________ مُؤْمِن

أَكَّدَ ________ مُؤَكِّد

يَئِسَ ________ يائِس

لام ________ لائِم

زار ________ زائِر

جاع ________ جائع

ساق ________ سائِق

باع ________ بائع

تَرَأس ________ مترئِس

سأل	________	سائِل
تَأَدَّب	________	متأدِّب
ابتأسَ	________	مُبْتَئِس

(١١٢)

اجمع كل اسم مما يلي جمع تكسير، واكتب الجواب في الفراغ المحاذي:

ذِئْب	________	ذئاب
سؤال	________	أسئلة
فائِدة	________	فوائِد
عزيمة	________	عزائِم
أريكة	________	أرائِك
ستارة	________	ستائِر
فطيرة	________	فطايِر
رئيس	________	رُؤَساء
فُؤَاد	________	أفئِدة
رَأْس	________	رؤوس
كَأْس	________	كؤوس
فَأْس	________	فؤوس
مَأْتم	________	مآتم
مَأْكل	________	مآكل
مَأْخذ	________	مآخذ
مَأْرب	________	مآرب

(١١٣)

أضف تاء التأنيث المربوطة إلى كل مما يلي وعدّل الكتابة حيث يلزم؛
وجميعه على وزن (فَعِيلٌ):

رديء	________	رديئة
بطيء	________	بطيئة
بريء	________	بريئة
جريء	________	جريئة
خبيء	________	خبيئة
دنيء	________	دنيئة

(١١٤)

في الإطار (١١٣)، كتبت الهمزة في الجواب على نبرة لأنها متوسطة ________ (مفتوحة/ مضمومة) مسبوقة بـ ________ ساكنة

مفتوحة
ياء

(١١٥)

حول كل اسم مما يلي إلى مثنى واكتب الجواب في الفراغ المحاذي:

بناء	________	بناءان
رداء	________	رداءان
وفاء	________	وفاءان
جزاء	________	جزاءان
هواء	________	هواءان

(١١٦)

في إجابات الإطار السابق، كتبت الهمزة منفردة لأنها جاءت مفتوحة مسبوقة بـ ________ ________

ألف ساكنة

(١١٧)

في (تؤْءَم)، كتبت الهمزة منفردة لأنها مفتوحة بعد ________ ________

واو ساكنة

(١١٨)

في (بريئة)، كتبت الهمزة على نبرة لأنها مفتوحة بعد ______ ياء ساكنة

______

حالات خاصة للهمزة المتوسطة المضمومة:

(١١٩)

قد تكون حركة الهمزة ______ مثل رأس. السكون

(١٢٠)

قد تكون حركة الهمزة ______ مثل سأَل الفتح

(١٢١)

قد تكون حركة الهمزة ______ مثل رؤُوف. الضم

(١٢٢)

قد تكون حركة الهمزة ______ مثل سُئِل. الكسر

(١٢٣)

الهمزة المتوسطة الساكنة لا شواذ لها، إذ تكتب دائماً حسب الحركة ______ أي بمقارنة حركتها هي بحركة الحرف الذي ______ (قبلها/ بعدها) وكتابتها على ما يماثل الحركة التي قبلها. الأقوى قبلها

(١٢٤)

الهمزة المتوسطة المكسورة لا شواذ لها، إذ تكتب دائماً حسب ______ الأقوى. والحركة الأقوى دائماً هي ______ الحركة الكسرة

(١٢٥)

الهمزة المتوسطة المكسورة تكتب دائماً على ______ لأن الكسرة أقوى الحركات. — نبرة

(١٢٦)

الهمزة المتوسطة المفتوحة ______ (لها/ ليس لها) شواذ. وكذلك الهمزة المتوسطة المضمومة. — لها

(١٢٧)

الهمزة المتوسطة ____ والهمزة المتوسطة المكسورة ليس لهما شواذ — الساكنة

(١٢٨)

الهمزة المتوسطة _____ والهمزة المتوسطة _____ المفتوحة، لهما شواذ — المضمومة

(١٢٩)

الهمزة المتوسطة المفتوحة لها ____ (ثلاث/ ست) حالات شاذة — ست

(١٣٠)

الهمزة المتوسطة المضمومة بعد ______ ساكنة، تكتب ______ مثل ضوْءُه. — واو / منفردة

(١٣١)

الهمزة المتوسطة المضمومة بعد ______ ساكنة، تكتب على ______ مثل فَيْئُه. — ياء / نبرة

(١٣٢)

اجعل الهمزة مضمومة واجعل الهاء مضافاً إليه في كل

حالة مما يلي. أعد كتابة الكلمتين لتكونا وحدة واحدة:

ضوْء + ه :	ضوْءُه
هدوء + ه :	هدوءُه
وضوء + ه :	وضوءُه

(١٣٣)

في إجابات الإطار السابق، كتبت الهمزة منفردة لأنها جاءت _____ مضمومة، واو

بعد _____ ساكنة.

(١٣٤)

ألصق الكلمتين في وحدة واحدة بعد ضمّ الهمزة التي في آخر الكلمة

الأولى:

شيْء + ك:	شيْئُك
فيْء + هم:	فيْئُهُم

(١٣٥)

في إجابات الإطار السابق، كتبت الهمزة على نبرة لأنها جاءت مضمومة   ياء ساكنة

بعد _____ _____

(١٣٦)

ألصق الكلمتين في وحدة واحدة مراعياً حركة الهمزة كما هي في نهاية

الكلمة الأولى:

أصدقاءُ + ك =	أصدقاؤُك
أصدقاءَ + ك =	أصدقاءَك
أصدقاءِ + ك =	أصدقائِك
لقاءُ + هم =	لقاؤُهم
لقاءَ + هم =	لقاءَهم
لقاءِ + هم =	لقائِهم

٦١

يستهزئ + ون =	________	يستهزئون
لاجئ + ون =	________	لاجئون
قارِئ + ون =	________	قارئون
ظمِئَ + وا =	________	ظمئوا
مَنْشأ + ه =	________	منشّؤُه
بريء + ان =	________	بريئان

(١٣٧)

بيّن فيما إذا كانت كتابة الهمزة المضمومة في كل مما يلي حسب قاعدة الحركة الأقوى أم خروجاً عن القاعدة. إذا كانت حسب القاعدة، فاكتب (عادية) وإذا كانت خارجة عنها، فاكتب (استثنائية).

مَلجَؤُكم	________	عادية
يقرَؤُه	________	عادية
زَؤُوم	________	عادية
ضوْءُه	________	استثنائية
شُؤُون	________	عادية
حياؤُها	________	عادية
ابتداؤُها	________	عادية
تشاؤُم	________	عادية
تساؤُل	________	عادية
ابتداؤُها	________	عادية
هدوءُه	________	استثنائية
يخطِئُون	________	عادية
خَؤُون	________	عادية
رَؤُوف	________	عادية
رُؤُوس	________	عادية
مبادِئُكم	________	عادية

(١٣٨)

تكتب الهمزة المتوسطة المضمومة حسب قاعدة الحركة الأقوى في ______ (معظم/ جميع) الحالات. معظم

(١٣٩)

تشذ الهمزة المتوسطة المضمومة عن قاعدة الحركة الأقوى عندما تكون مسبوقة بِـ______ ساكنة أو ______ ساكنة، مثل فيْئُه، ضوْءُه على التوالي. ياء، واو

(١٤٠)

أعط اسم المفعول من كل مما يلي؛ اكتب الجواب في الفراغ المحاذي:

أَكَل	______	مَأْكول
أَمِن	______	مَأْمون
أَلِف	______	مَأْلوف
أَمَر	______	مَأمور
أَذِن	______	مَأذون
أَخَذَ	______	مأْخوذ
سَأَل	______	مسْؤُول
سَئِم	______	مشؤُوم
وَأَد	______	موْءُود
يَئِس	______	ميْئُوس

(١٤١)

أعط المصدر المنصوب من كل مما يلي قياساً على الوزن المذكور بين قوسين؛ اكتب الجواب في الفراغ المحاذي:

يَئِسَ	______ (فَعْلاً)	يَأْساً
زأَرَ	______ (فَعِيلاً)	زئيراً

أيّد	______ (تفعيلاً)	تأييداً
برّأ	______ (تَفْعِلَةً)	تبرئة
تَرَأْسَ	______ (تَفَعُّلاً)	ترؤساً
قَرَأَ	______ (فِعَالةً)	قراءة
تآمَرَ	______ (تفاعُلاً)	تآمراً
تألَّمَ	______ (تَفَعُّلاً)	تألُّماً
رأى	______ (فُعْلَةً)	رُؤْيةً
استأنف	______ (اسْتِفْعَالاً)	استئنافاً
ائْتَلَقَ	______ (افْتِعَالاً)	ائتلاقاً
استأثر	______ (استفعالاً)	استئثاراً
وَأَدَ	______ (فَعْلاً)	وَأْداً
اكتأب	______ (افتعالاً)	اكتئاباً
يُؤَجل	______ (تَفْعيلاً)	تأجيلاً
يُؤَوِّل	______ (تَفْعيلاً)	تأويلاً
آخى	______ (مُفَاعَلَةً)	مؤاخاة
آزر	______ (مُفَاعَلَةً)	مؤازرة
تضاءَل	______ (تَفَاعُلاً)	تضاؤلاً
سَأَل	______ (فُعَالاً)	سؤالاً
بَرِئَ	______ (فَعَالةً)	براءَة
تشاءَم	______ (تَفَاعُلاً)	تشاؤُماً

كتابة الهمزة المتطرفة

(١٤٢)

إذا جاءت الهمزة متطرفة، تكتب على مثل حركة ما

قبلها. فإذا كان ما قبلها مكسوراً تكتب على ـــــــ مثل قُرِئَ		ياء

(١٤٣)

إذا تطرفت الهمزة بعد فتح، تكتب على ـــــــ مثل نشَأَ.		ألف

(١٤٤)

إذا تطرفت الهمزة بعد ضم، تكتب على ـــــــ مثل جَرُؤَ.		واو

(١٤٥)

إذا تطرفت الهمزة بعد سكون، تكتب على ـــــــ مثل دعاء.		انفراد

(١٤٦)

في (جزاء)، تطرفت الهمزة بعد ـــــــ فكتبت منفردة.		سكون

(١٤٧)

في (نشوء)، تطرفت الهمزة بعد ـــــــ فكتبت منفردة.		سكون

(١٤٨)

في (متبدَأ)، تطرفت الهمزة بعد ـــــــ فكتبت على ألف.		فتح

(١٤٩)

في (تكافُؤ)، تطرفت الهمزة بعد ـــــــ فكتبت على واو.		ضم

(١٥٠)

في (يُبدِئ)، تطرفت الهمزة بعد ــــــ فكتبت على ياء. كسر

(١٥١)

همزة القطع الأولية تكتب عادة على ــــــــ فوقها أو تحتها همزة. ألف

(١٥٢)

همزة القطع المتوسطة الساكنة تكتب دائماً حسب قاعدة الحركة ــــــــ الأقوى

(١٥٣)

همزة القطع المتوسطة المكسورة تكتب دائماً حسب قاعدة الحركة الأقوى، أي على ــــــــ نبرة

(١٥٤)

همزة القطع المتوسطة المفتوحة تكتب ــــــــ (دائماً/ غالباً) حسب قاعدة الحركة الأقوى. غالباً

(١٥٥)

همزة القطع المتوسطة المضمومة تكتب ــــــــ (غالباً/ دائماً) حسب قاعدة الحركة الأقوى. غالباً

(١٥٦)

أضف همزة وتنوين ضم إلى كل وحدة مما يلي؛ اكتب الجواب كاملاً في الفراغ المحاذي:

كُفْ	ــــــــ	كفءٌ
دِفْ	ــــــــ	دفءٌ

نَشْ	______	نشءٌ
رُزْ	______	رزءٌ
بَدْ	______	بَدْءٌ
لِقَا	______	لقاءٌ
هَنا	______	هناءٌ
ضَوْ	______	ضوءٌ
وُضُوْ	______	وضوءٌ
بَرِي	______	بريءٌ
جرِ◌ِي	______	جَرِيءٌ

(١٥٧)

في إجابات الإطار السابق، كتبت الهمزة ______ لأنها تطرفت بعد حرف ______ منفردة ساكن

(١٥٨)

أضف همزة وتنوين كسر إلى كل مما يلي؛ اكتب الجواب كاملاً في الفراغ المحاذي:

عِبْء	______	عبءٍ
جُزْ	______	جزءٍ
هدوء	______	هدوءٍ
مَرِيء	______	مريءٍ
ضَوْ	______	ضوءٍ

(١٥٩)

في إجابات الإطار السابق، كتبت الهمزة ______ لأنها تطرفت بعد ______ ______ منفردة حرف ساكن

(١٦٠)

إذا كان التنوين المزاد بعد الهمزة المتطرفة تنوين ضم أو

تنوين كسر، فلا يزاد شيء سوى التنوين ذاته. ويكتب تنوين الضم ــــــــ (فوق/تحت) الهمزة، مثل ضوءٌ. أما تنوبن الكسر، فيكتب ــــــــ الهمزة، مثل ضوءٍ.

فوق
تحت

(١٦١)

إذا جاء بعد الهمزة المتطرفة تنوين نصب، فإننا نزيد ــــــــ نضع فوقها تنوين النصب، مثل نسوءاً، بدءاً. ونستثني من هذه القاعدة حالتان. عندما تكون الهمزة مسبوقة بألف، مثل سماءً، أو مسبوقة بفتحة، مثل خَطَأً. في هاتين الحالتين، لا نزيد ألفاً، بل نزيد تنوين النصب فقط.

ألفاً

(١٦٢)

أضف همزة وتنوين نصب إلى كل مما يلي؛

بَدْ	ــــــــ	بدءاً
جُزْ	ــــــــ	جزءاً
رُزْ	ــــــــ	رزءاً

(١٦٣)

في إجابات الإطار السابق، كتبت الهمزة منفردة لأنها تطرفت بعد حرف ــــــــ وزدنا الألف لنضع عليها تنوين ــــــــ

ساكن
النصب

(١٦٤)

أضف همزة وتنوين نصب إلى كل مما يلي:

هَوَا	ــــــــ	هواءً
ضِيَا	ــــــــ	ضياءً
سَمَا	ــــــــ	سماءً
أحْيَا	ــــــــ	أحياءً

(١٦٥)

في إجابات الإطار السابق، كتبت الهمزة ______ لأنها تطرفت بعد حرف ساكن. ولم نضف ألفاً بعدها رغم أن التنوين تنوين نصب لأن الهمزة مسبوقة بِـ ______ — منفردة

(١٦٦)

أضف همزة وتنوين نصب إلى كل مما يلي:

وُضُو	______	وضوءاً
نُتُو	______	نتوءاً
نُشُو	______	نشوءاً
ضَوْ	______	ضوءاً

(١٦٧)

في إجابات الإطار السابق، كتبت الهمزة منفردة لأنها تطرفت بعد حرف — ساكن

______ ثم زدنا بعدها ألفاً بسبب ______ النصب. — تنوين

(١٦٨)

إذا كان التنوين تنوين نصب فإننا نضيف بعد الهمزة المتطرفة ألفاً، إلاّ — الألف

إذا كانت الهمزة مسبوقة بحرف ______ أو بحركة ______ مثل دعاءً — الفتح

وملجأً على التوالي.

(١٦٩)

إذا تطرفت الهمزة بعد فتح، تكتب على ______ مثل مبدَأ. — ألف

(١٧٠)

أضف همزة وتنوين ضم إلى كل مما يلي:

مُبْتَدَ	______	مبتدأً
نَبَـ	______	نَبَأً
مَبْدَ	______	مبدأً
خَطَ	______	خَطَأً

(١٧١)

في إجابات الإطار السابق، كتبت الهمزة على ألف لأنها تطرفت بعد حرف ______ — مفتوح

(١٧٢)

حوِّل كلاً مما يلي إلى مكسور منوّن:

مبتدأً	______	مبتدأٍ
نَبَأً	______	نبأٍ
مبدأً	______	مَبْدَأٍ
خَطَأً	______	خَطأٍ

(١٧٣)

في إجابات الإطار السابق، كتبت الهمزة على ______ لأنها تطرفت بعد حرف ______ — ألف، مفتوح

(١٧٤)

حوِّل كلاً مما يلي إلى منصوب منون:

مبتدأً	______	مبتدأً
نَبَأً	______	نبأً
مبدأً	______	مَبْدَأً
خَطَأً	______	خطأً

(١٧٥)

في إجابات الإطار السابق، كتب الهمزة على ______ — ألف

لأنها تطرفت بعد حرف ــــــــ ولم نزد ألفاً بسبب تنوين النصب — مفتوح

لأن الهمزة ــــــــ (مسبوقة/متبوعة) بحرف مفتوح. — مسبوقة

(١٧٦)

إذا تطرفت الهمزة بعد ضمة، تكتب على ــــــــ مثل تكافؤ. — واو

(١٧٧)

أعط المصدر على وزن (تَفَاعُلٌ) من كل مما يلي:

تكافأَ	ــــــــ	تكافُؤٌ
تَجَرَّأَ	ــــــــ	تجرُّؤٌ
تَلألأَ	ــــــــ	تلأْلُؤٌ

(١٧٨)

في إجابات الإطار السابق، كتبت الهمزة على واو لأنها تطرفت بعد ــــــــ — ضم

(١٧٩)

أعط المصدر على وزن (تَفَاعُلٍ) من كل مما يلي:

تَكَافأَ	ــــــــ	تكافؤٍ
تَجَرَّأَ	ــــــــ	تجرُّؤٍ
تَلألأَ	ــــــــ	تلأْلُؤٍ

(١٨٠)

أعط المصدر على وزن (تَفاعُلاً) من كل مما يلي:

تكافأَ	ــــــــ	تكافؤاً
تجرَّأَ	ــــــــ	تجرؤاً

تلألأ ________ تلألؤاً

(١٨١)

في إجابات الإطار السابق، كتبت الهمزة على واو لأنها ________ بعد ضم، وأضفنا ألفاً لنكتب فوقها تنوين ________

تطرفت
النصب

(١٨٢)

إذا تطرفت الهمزة بعد ________ تكتب على ياء، مثل بُدِئَ.

كسرة

(١٨٣)

أضف تنوين رفع إلى كل مما يلي:

شاطئ ________ شاطئٌ
قارئ ________ قارئٌ
مكافئ ________ مكافئٌ
بادئ ________ بادئٌ

(١٨٤)

أضف تنوين كسر إلى كل مما يلي:

شاطئ ________ شاطئٍ
قارئ ________ قارئٍ
مكافئ ________ مكافئٍ

(١٨٥)

في إجابات الإطار السابق، كتبت الهمزة على ________ لأنها تطرفت بعد ________ .

ياء
كسر

(١٨٦)

أضف تنوين نصب إلى كل مما يلي:

شاطئ	ــــــــــ	شاطئاً
قارئ	ــــــــــ	قارئاً
مكافئ	ــــــــــ	مكافئاً

(١٨٧)

في إجابات الإطار السابق، كتبت الهمزة على ياء لأنها ــــــــ بعد ك — تطرفت

سر. وأضفنا ــــــــ بعد الهمزة لنكتب فوقها تنوين النصب. — ألفاً

حالات خاصة للهمزة المتطرفة

(١٨٨)

إذا تطرفت الهمزة بعد حرف صحيح ساكن وجاء بعدها تنوين نصب، تكتب الهمزة عل ــــــــ مثل دفئاً. هذه إحدى الحالات الاستثنائية للهمزة المتطرفة. ولو أردنا تطبيق القاعدة العامة، لوجب أن تكون الهمزة منفردة بعد سكون. — نبرة

(١٨٩)

إذا تطرفت الهمزة بعد ياء ساكنة وجاء بعدها تنوين نصب، تكتب الهمزة على ــــــــ مثل جريئاً. هذه أيضاً حالة استثنائية لأن القاعدة العامة تتطلب أن تكتب الهمزة هنا منفردة حيث جاءت بعد سكون. — نبرة

(١٩٠)

إذا تطرفت الهمزة بعد صحيح ــــــــ او ياء ساكنة وجاء — ساكن

بعدها تنوين ــــــــ تكتب على نبرة خلافاً للقاعدة العامة.   نصب

(١٩١)

في (كُفْئاً)، تطرفت الهمزة بعد ــــــــ ساكن وجاء بعدها تنوين   صحيح
نصب فكتبت على نبرة.

(١٩٢)

في (مجيئاً)، تطرفت الهمزة بعد ــــــــ ــــــــ وقبل تنوين   ياء ساكنة
نصب فكتبت على نبرة

تمارين متنوعة

(١٩٣)

ادمج الوحدتين في وحدة واحدة محدثاً التغييرات اللازمة في الكتابة:

بادِئ + يْن:	ــــــــ	بادئين
قارئ + ون :	ــــــــ	قارئون
قارئ + ة:	ــــــــ	قارئة
قارئ + ات:	ــــــــ	قارئات
قارئ + تنوين ضم:	ــــــــ	قارئٌ
قارئ + تنوين كسر:	ــــــــ	قارئٍ
قارئ + تنوين نصب:	ــــــــ	قارئاً
قارئ + ا:	ــــــــ	قارئا
قارئ + ان:	ــــــــ	قارئان
قارئ + ين:	ــــــــ	قارئين
قرأ + ا:	ــــــــ	قرأا

يقرأ + ان: ________ يقرأان

يقرأ + ون: ________ يقرؤون

تقرأ + ين: ________ تقرئين

مقروء + ان: ________ مقروءان

مقروء + ات: ________ مقروءات

مبادءَة + ات: ________ مبادآت

بدءُ + ه: ________ بدؤُه

بدءَ + ه: ________ بدءَه

بدءِ + ه: ________ بدئِه

ابدأ + ا: ________ ابدأا

ابدأ + وا: ________ ابدؤوا

ابدأ + ي: ________ ابدئِـي

بُدِئَ + ا: ________ بدئا

بُدِئَ +وا: ________ بدئوا

بُدِئَ + تْ: ________ بدئـتْ

بُدِئَ +نَ: ________ بُدِئْـنَ

(١٩٤)

ادمج الوحدتين في وحدة واحدة:

بطيء + تنوين نصب: ________ بطيئاً

بطيء + تنوين رفع: ________ بطيءٌ

مبطِئ + ان: ________ مبطئان

مبطِئ + ون: ________ مبطئون

مبطئ + ة: ________ مبطئة

مبطئة + ات: ________ مبطئات

بطيء + ات: ________ بطيئات

متباطئ + ون ________ متباطئون

بطئ + ان:	______	بطيئان
بطيء + ون:	______	بطيئون
جاء + ا	______	جاءا
جاء + وا:	______	جاءوا
جاءَ + نا :	______	جاءَنا
جاءَ + نا (فاعل):	______	جِئْنا
جاء + ن :	______	جئْنَ
يجيء + ون:	______	يجيئون
يجيء + ان :	______	يجيئان
مجيء + ان :	______	مجيئان
مخبوء + تنوين رفع:	______	مخبوءٌ
مخبوء + تنوين جر:	______	مخبوءٍ
مخبوء + تنوين نصب:	______	مخبوءاً
مخبوء + ان:	______	مخبوءان
مخبوء + ون:	______	مخبوءُون
مخبوءة + ات:	______	مخبوءات
مخبأُ + ه :	______	مخبَؤُه
مخبأَ + ه:	______	مخبَأه
مخبأِ + ه :	______	مخبئِه
رؤساءُ + كم:	______	رؤساؤُكم
رؤساءِ + كم:	______	رؤساءَكم
رؤساء + ي:	______	رؤساتي

(١٩٥)

بيّن حكم كل همزة مما يلي على النحو التالي:

سَأَل: مفتوحة بعد فتح فكتبت على ألف.

سُؤَال: ____ بعد ____ فكتبت على واو   مفتوحة، ضم

تساؤُول: ____ بعد ____ فكتبت على واو.	مضمومة، سكون
مسْألة: ____ بعد ____ فكتبت على ألف	مفتوحة، سكون
سائِل: ____ بعد ____ فكتبت على نبرة	مكسورة، سكون
ساءَل: ____ بعد ____ فكتبت على انفراد	مفتوحة، ألف
مسْؤول: ____ بعد ____ فكتبت على واو	مضمومة، سكون

(١٩٦)

بيّن حكم كل همزة متطرفة فيما يلي هكذا:

ساء: كتبت على انفراد لأنها تطرفت بعد سكون

قَرَأَ: كتبت على ____ لأنها تطرفت بعد ____	ألف، فتح
مقروء: كتبت على ____ لأنها تطرفت بعد ____	انفراد
	سكون
يفاجِئ: كتبت على ____ لأنها تطرفت بعد ____	ياء
	كسر
يفاجَأ: كتبت على ____ لأنها تطرفت بعد ____	ألف، فتح
تكافُؤ: كتبت على ____ لأنها تطرفت بعد ____	واو، ضم

(١٩٧)

أضف تنوين نصب إلى كل مما يلي:

هازِئ	________	هازئاً
مهنئ	________	مهنئاً
رائد	________	رائداً
قارئ	________	قارئاً

سماءً	————	سماء
دعاءً	————	دعاء
نداءً	————	نداء
ضوءاً	————	ضوء
شيئاً	————	شيء
عبئا	————	عبء
جزءاً	————	جزء
بدءاً	————	بدء
كفئاً	————	كفء
دفئاً	————	دفء
نشوءاً	————	نشوء
ضياءً	————	ضياء
آراءً	————	آراء
غذاءً	————	غذاء
سوءاً	————	سوء
لجوءاً	————	لجوء
وضوءاً	————	وضوء
مجيئاً	————	مجيء
مضيئاً	————	مضي
نبأً	————	نَبَأ
خطأً	————	خَطَأ
منشأً	————	منشأ
لؤلؤاً	————	لُؤلُؤ
تكافؤاً	————	تكافُؤ
بادئاً	————	بادئ

(١٩٨)

في إجابات الإطار السابق، أضفنا بعد الهمزة ألفاً فوقها

تنوين نصب في جميع الحالات إلاّ إذا كانت الهمزة مسبوقة بحرف ______ الألف، الفتح
أو مسبوقة بحركة ______ مثل سماءً ونَبَأً على التوالي.

(١٩٩)

تكتب الهمزة المتطرفة ______ (غالباً/ دائماً) حسب حركة ما قبلها. غالباً

(٢٠٠)

تشذ الهمزة المتطرفة عن التأثر بحركة ما قبلها إذا تلاها تنوين ______ نصب
وسبقها حرف ساكن يوصل بما بعده، مثل عبْئاً وجريئاً.

(٢٠١)

بيِّن إذا كانت كتابة الهمزة المتطرفة تمت حسب حركة ما قبلها أو كانت
كتابة استثنائية. اكتب (عادية) في الحالة الأولى و(استثنائية) في الحالة الثانية

يجيء	______	عادية
كفْء	______	عادية
دفْئاً	______	استثنائية
نَشَأَ	______	عادية
مُنشِئ	______	عادية
منشَأ	______	عادية
هنيئاً	______	استثنائية
سماءٌ	______	عادية
سماءً	______	عادية
سماءٍ	______	عادية
مسيئاً	______	استثنائية

امرُؤٌ _____ عادية

بَيِّن كيف كتبت الهمزة المتطرفة في كل حالة مما يلي؛ اكتب (منفردة) أو (على ألف) أو (على واو) أو (على ياء) أو (على نبرة):

مريء	_____	منفردة
جزءاً	_____	منفردة
يبدَأ	_____	على ألف
شيءٍ	_____	منفردة
يجرُؤ	_____	على واو
مبتدئ	_____	على ياء
يكافئ	_____	على ياء
شاطئ	_____	على ياء
يضيء	_____	منفردة
دافئ	_____	على ياء
بريء	_____	منفردة
بريئاً	_____	على نبرة
ضوء	_____	منفردة
سوءاً	_____	منفردة
سوءٌ	_____	منفردة
قُرئ	_____	على ياء
بَطُؤ	_____	على واو
بطيء	_____	منفردة
متباطئ	_____	على ياء
رديئاً	_____	على نبرة

الاختبار الثاني

املأ الفراغات التالية بكلمة واحدة لكل فراغ. وبعد الانتهاء من جميع الإجابات، قارن إجاباتك بالإجابات الصحيحة الموجودة في ملحق (٢) في نهاية الكتاب.

١. همزة الوصل تكتب ــــــــ (على ألف/ ألفاً) دائماً.

٢. همزة القطع الأولية تكتب ــــــــ (على ألف/ ألفاً) إذا كانت مفتوحة أو مضمومة.

٣. إذا توسطت الهمزة أو تطرفت فهي همزة قطع ــــــــ (دائماً/ غالباً).

٤. إذا توسطت الهمزة المفتوحة بعد فتح تكتب على ــــــــ عادة.

٥. إذا توسطت الهمزة مفتوحة بعد سكون تكتب على ــــــــ عادة.

٦. إذا توسطت الهمزة مفتوحة بعد ضم تكتب على ــــــــ

٧. إذا توسطت الهمزة مفتوحة بعد كسر تكتب على ــــــــ

٨. إذا توسطت الهمزة ساكنة بعد فتح تكتب على ــــــــ

٩. إذا توسطت الهمزة ساكنة بعد ضم تكتب على ــــــــ

١٠. إذا توسطت الهمزة ساكنة بعد كسر تكتب على ــــــــ

١١. إذا توسطت الهمزة مضمومة بعد سكون تكتب على ــــــــ عادة.

١٢. إذا توسطت الهمزة مضمومة بعد فتح تكتب على ________

١٣. إذا توسطت الهمزة مضمومة بعد ضم تكتب على ________

١٤. إذا توسطت الهمزة مضمومة بعد كسر تكتب على ________

١٥. إذا توسطت الهمزة مكسورة بعد ضم تكتب على ________

١٦. إذا توسطت الهمزة مكسورة بعد ضم تكتب على ________

١٧. إذا توسطت الهمزة مكسورة بعد فتح تكتب على ________

١٨. إذا توسطت الهمزة مكسورة بعد كسر، تكتب على ________

١٩. إذا توسطت الهمزة مضمومة بعد ياء ساكنة، تكتب على ________

٢٠. إذا توسطت الهمزة مضومة بعد واو ساكنة تكتب على ________

٢١. إذا توسطت الهمزة مفتوحة قبل ساكن صحيح وبعدها ألف مد غير نهائية تدمج هي والألف في ________ عليها مَدَّة.

٢٢. إذا توسطت الهمزة مفتوحة بعد فتح وبعدها ألف مد وألف تثنية تدمج هي والألف في ________ عليها مدة.

٢٣. إذا توسطت الهمزة مفتوحة بعد ساكن وبعدها ألف الاثنين تكتب ________ إذا كان الحرف الذي قبلها لا يوصل بما بعده وتكتب على ________ إذا كان يوصل.

٢٤. إذا توسطت الهمزة مفتوحة بعد واو ساكنة، تكتب على ________

٢٥. إذا توسطت الهمزة مفتوحة بعد ياء ساكنة، تكتب على ________

٢٦. إذا توسطت الهمزة مفتوحة بعد ألف ساكنة، تكتب على ________

٢٧. إذا تطرفت الهمزة بعد سكون، تكتب على ________ عادة.

٢٨. إذا تطرفت الهمزة بعد سكون وجاء بعدها تنوين نصب، تكتب على

٢٩. إذا تطرفت الهمزة بعد فتح، تكتب على ــــــــــ

٣٠. إذا تطرفت الهمزة بعد ضم، تكتب على ــــــــــ

٣١. إذا تطرفت الهمزة بعد كسر، تكتب على ــــــــــ

٣٢. إذا كتبت الهمزة المتوسطة على نبرة أو كتبت الهمزة المتطرفة على ياء ــــــــــ (توضع/لا توضع) تحت النبرة أو الياء نقطتان.

٣٣. همزة الوصل ــــــــــ (تأخذ/ لا تأخذ) حرف الهمزة ذاته.

الفصل الثالث

الألف الممدودة والألف المقصورة

(١)

إذا كانت الألف ساكنة ومفتوح ما قبلها تدعى ألفاً لينة.

وتأتي في وسط الكلمة مثل كتاب، أو آخرها مثل موسى.

وقد تكون ألفاً ممدودة مثل دعا، أو ألفاً مقصورة مثل سعى.

(٢)

في نهاية (جرى) ألف ــــــــــ   مقصورة

(٣)

في نهاية (دنا) ألف ــــــــــ   ممدودة

(٤)

في نهاية (نوى) ــــــــــ ــــــــــ   ألف مقصورة

(٥)

في نهاية (عصا) ــــــــــ ــــــــــ   ألف ممدودة

(٦)

الألف اللينة ــــــــــ (تأتي/ لا تأتي) في بداية الكلمة   لا تأتي

(٧)

الألف ______ نوعان: ألف ممدودة وألف مقصورة. اللينة

الألف المتوسطة

(٨)

إذا توسطت الألف اللينة تكتب ______ دائماً مثل ينساك دعاك ممدودة

إلامَ

(٩)

تكون الألف اللينة في وسط الكلمة ممدودة ______ (غالباً/ دائماً) دائماً

(١٠)

ادمج الوحدتين في وحدة واحدة:

إلى + مَ ؟:	______	إلامَ
على + مَ؟ :	______	علامَ
حتى + م؟ :	______	حتّامَ
يهوى + ها:	______	يهواها
فتى + ها :	______	فتاها
قُرى + ه:	______	قُراه
رمى + ه:	______	رماه

(١١)

في إجابات الإطار السابق، تحولت الألف ______ إلى ألف ______ عندما أصبحت متوسطة. المقصورة ممدودة

(١٢)

إذا كانت الألف المقصورة المتطرفة مسبوقة بهمزة، تتحول الألف المقصورة والهمزة إلى ألف عليها ______ إذا أصبحت الألف المقصورة متوسطة، مثل رأى + ك: رآك.

مَدَّة

(١٣)

ادمج الوحدتين في وحدة واحدة:

رَأى + ه :	______	رآه
رأى + هم:	______	رآهم
رأى + نا :	______	رآنا
رأى + ي :	______	رآني
رأى + ها:	______	رآها

(١٤)

في إجابات الإطار السابق، قلبت الألف المقصورة إلى ألف ممدودة اندمجت مع ______ وكتبتا معاً على شكل ______ عليها مدَّة.

الهمزة

ألف

الألف المتطرفة في الحروف:

(١٥)

إذا تطرفت الألف اللينة فقد تكون ______ أو مقصورة.

ممدودة

مثل يا، ألا، لا. وتشذ أربعة حروف فقط هي إلى، على، حتى، بل.

(١٧)

الألف المتطرفة في الحرف ______ (دائماً/ غالباً) تكون ممدودة. | غالباً

(١٨)

هناك ______ (ثلاثة/ أربعة) حروف فقط تنتهي بألف مقصورة. | أربعة

(١٩)

الحروف التي تنتهي بألف مقصورة هي إلى، على، ______ | حتى، بلى

الألف المتطرفة في الأسماء:

(٢٠)

إذا كان الاسم مبنياً، تكون الألف اللينة التي في آخره ______ مثل أنا، هنا، هذا. وتشذ عن هذه القاعدة خمسة أسماء مبنية فقط هي أنّى، متى، لدى، أولى، الألى. | ممدودة

(٢١)

الاسم المبني تكون ألفه المتطرفة ممدودة ______ (دائماً/ غالباً). | غالباً

(٢٢)

في (أنتما، مهما، حيثما) الألف ممدودة لأنها أسماء ______ | مبنية

(٢٣)

إذا كان الاسم ثلاثياً أصل ألفه اللينة المتطرفة واو، تكتب ألفه ______ مثل عصا. أما إذا كان أصل الألف ياء، تكتب ألفه ______ مثل هُدى.

ممدودة

مقصورة

(٢٤)

(عُلاَ) آخرها ألف ممدودة لأن أصل الألف ______

واو

(٢٥)

(مُنَى) آخرها ألف مقصورة لأن أصل الألف ______

ياء

(٢٦)

يعرف أصل الألف أحياناً برد الاسم الثلاثي المفرد إلى ______ كما في (عصا) التي مثناها (عصَوان).

المثنى

(٢٧)

ثقد يعرف أصل الألف برد الاسم الثلاثي إذا كان جمعاً إلى ______ كما في (قُرى) التي مفردها (قرية).

المفرد

(٢٨)

قد يعرف أصل الألف بجمع الاسم الثلاثي جمع مؤنث ______ كما في (عصا) التي تجمع على (عَصَوات).

سالم

(٢٩)

قد يعرف أصل الألف باشتقاق صفة مؤنثة، مثل (عمى) التي صفتها المؤنثة (عمياء)، ولهذا كانت ألفها ______ لأن أصلها ______

مقصورة

ياء

(٣٠)

إذا كان الاسم أعجمياً، تكون ألفه المتطرفة ______ مثل ألمانيا، أمريكا، زليخا. وتشذ عن هذه القاعدة أربعة أسماء فقط هي موسى، عيسى، كسرى بخارى لأن العرب قاموا بتعريبها. ممدودة

(٣١)

إذا كان الاسم مهموز الآخر وجرى تسهيل همزته المكتوبة على ألف، تكون ألفه المتطرفة ______ مثل (صدا) المحوّلة عن (صدَأ). ممدودة

(٣٢)

إذا كان الاسم منتهياً بألف لينة قبلها ياء، تكون ألفه ممدودة لكراهة اجتماع الياء مع الألف ______ مثل خطايا، زوايا، عليا، دنيا، هدايا. ويشذ عن هذه القاعدة العَلَم، مثل يحيى. المقصورة

(٣٣)

إذا كان الاسم رباعياً أو فوق ذلك وينتهي بألف لينة ليس قبلها ياء، تكون ألفه ______ مثل بشرى، كبرى، صغرى، منتدى. مقصورة

(٣٤)

إذا انتهى الاسم بهمزة قبلها ألف ساكنة ثم حذفت الهمزة، أي أصبح الاسم مقصوراً، تكون ألفه ______ مثل (صحرا) المحولة عن (صحراء). ممدودة

(٣٥)

الألف اللينة في نهاية الحرف تكون ______ عادة. وهناك بعض الحالات الاستثنائية. ممدودة

(٣٦)

إذا كانت كتابة الألف في نهاية كل حرف مما يلي حسب القاعدة، فاكتب (عادية). وإلاّ فاكتب (استثنائية):

يا	______	عادية
حتى	______	استثنائية
إلى	______	استثنائية
لا	______	عادية
لمّا	______	عادية
على	______	استثنائية
ما	______	عادية
بلى	______	استثنائية
ها	______	عادية
إلاَ	______	عادية
هلاّ	______	عادية

(٣٧)

اكتب (عادية) إذا كانت كتابة الألف المتطرفة حسب القاعدة. واكتب (استثنائية) إذا كانت خارجة عن القاعدة. لاحظ أن جميع الأسماء التالية مبنية.

أنا	______	عادية
أنّى	______	استثنائية
هنا	______	عادية
مهما	______	عادية

إذا	________	عادية
هذا	________	عادية
متى	________	استثنائية
لدى	________	استثنائية
أنتما	________	عادية
هما	________	عادية
أولى (اسم إشارة)	________	استثنائية
ماذا	________	عادية
ما (الاستفهامية)	________	عادية
ما (اسم الموصول)	________	عادية
الألى (اسم موصول)	________	استثنائية

(٣٨)

بيِّن فيما إذا كان أصل الألف المتطرفة في كل اسم ثلاثي مما يلي واواً أو ياءً:

نَدَى	________	ياء
عَصَا	________	واو
ذُرَا	________	واو
أذى	________	ياء
فَتَى	________	ياء
عُلاَ	________	واو
رِبا	________	واو
رضا	________	واو
هدى	________	ياء

(٣٩)

إذا كان الاسم أعجمياً تكون ألف المتطرفة ________ عادة، وتشذ ممدودة بعض الحالات.

(٤٠)

بيِّن فيما إذا كانت كتابة الألف المتطرفة (عادية)، أي حسب القاعدة،

أو (استثنائية)، أي خلاف القاعدة:

فرنسا	________	عادية
إسبانيا	________	عادية
موسى	________	استثنائية
ألمانيا	________	عادية
عيسى	________	استثنائية
أمريكا	________	عادية
روسيا	________	عادية
كسرى	________	استثنائية
بخارى	________	استثنائية
النمسا	________	عادية
رومانيا	________	عادية
تركيا	________	عادية
سوريا	________	عادية

(٤١)

اجمع كل اسم مما يلي على وزن (فَعَالَى):

خطيّة	________	خطايا
رعيّة	________	رعايا
زاوية	________	زوايا
سجيّة	________	سجايا
قضيّة	________	قضايا
هديّة	________	هدايا
منيّة	________	منايا

(٤٢)

في إجابات الإطار السابق، كتبت الألف المتطرفة ممدودة لأنها مسبوقة بـ ______ رغم أن الاسم تزيد حروفه عن ثلاثة   ياء

(٤٣)

اشتق المؤنث مما يلي على وزن (فُعْلَى):

أصغر	______	صغرى
أكبر	______	كبرى
أعلى	______	عليا
أدنى	______	دنيا
أطول	______	طولى

(٤٤)

(عليا) ألفها ممدودة لأنها مسبوقة بـ ______   ياء

(٤٥)

(كبرى) ألفها مقصورة لأن حروفها أكثر من ______   ثلاثة

(٤٦)

أضف ألفاً ممدودة أو مقصورة إلى نهاية كل مما يلي بكتابة الكلمة في الفراغ المحاذي:

ذُرَ	______	ذرا
قَفَ	______	قفا
دُمَ	______	دمى
جَدْوَ	______	جدوى

قهقَرَ ________ قهقرى

صحْرَ ________ صحرا

جَوَ ________ جوى

ثَرَ ________ ثرى

سَنَ ________ سنا

صَدَ (الصوت) ________ صدى

ضُحَ ________ ضحى

وَرَ ________ ورى

قُرَ ________ قرى

قِرَ ________ قرى

مَدَ ________ مدى

هَوَ ________ هوى

عُلَ ________ عُلاَ

عَصَ ________ عصا

عَشَ ________ عَشَا

رِبَ ________ ربا

صِبَ ________ صبا

عِدَ ________ عدا

فَلَ ________ فَلاَ

رُبَ ________ رُبَأ

وَغَ ________ وغى

سَلْوَ ________ سلوى

روزانَ ________ روزانا

هداىَ ________ هدايا

يَحْيَ ________ يحيى

مَناىَ ________ منايا

ذِكْرَ ________ ذكرى

(٤٧)

اجمع كل اسم مما يلي على وزن (فَعْلَى):

صريع	________	صرعى
جريح	________	جرحى
قتيل	________	قتلى

(٤٨)

في إجابات الإطار السابق، كانت الألف المتطرفة مقصورة لأن حروف الاسم تزيد عن ________ ولا يوجد قبل الألف ________

ثلاثة

ياء

(٤٩)

بين سبب كتابة الألف المتطرفة ممدودة أو مقصورة في نهاية كل مما يلي. اكتب أحد الأسباب الآتية على النحو الآتي:

١. أعجمي: إذا كان السبب أن الاسم أعجمي.

٢. أعجمي شاذ: إذا كان السبب أن الاسم أعجمي شاذ.

٣. مبني: إذا كان السبب أن الاسم مبني.

٤. مبني شاذ: إذا كان السبب أن الاسم مبني شاذ.

٥. الأصل واو: إذا كان السبب أن الاسم ثلاثي أصل ألفه واو.

٦. الأصل ياء: إذا كان السبب أن الاسم ثلاثي أصل ألفه ياء.

٧. فوق الثلاثي: إذا كان السبب أن الاسم جاوزت حروف ثلاثة.

٨. فوق الثلاثي الشاذ: إذا كان السبب أن الاسم جاوز الثلاثة حروف ولكن ألفه مسبوقة بياء.

٩. حرف: إذا كان السبب أن الكلمة حرف.

١٠. حرف شاذ: إذا كان السبب أن الكلمة حرف شاذ.

أَنا	________	مبني
متى	________	مبني شاذ
هما	________	مبني
لدَى	________	مبني شاذ
عصا	________	الأصل واو
فتى	________	الأصل ياء
روما	________	أعجمي
كسرى	________	أعجمي شاذ
مصطفى	________	فوق الثلاثي
قضايا	________	فوق الثلاثي شاذ
عِدا	________	الأصل واو
أسى	________	الأصل ياء
إلاَّ	________	حرف
على	________	حرف شاذ
أَمَا	________	حرف
هنا	________	مبني
أنّى	________	مبني شاذ
يا	________	حرف
حتى	________	حرف شاذ
إمَّا	________	حرف
رِضَا	________	الأصل واو
جرحى	________	فوق الثلاثي

منايا	ــــــــ	فوق الثلاثي الشاذ
عُلاَ	ــــــــ	الأصل واو
رَدَى	ــــــــ	الأصل ياء

الألف المتطرفة في الأفعال

(٥٠)

إذا تطرفت الألف في الفعل تكون مقصورة إلاَّ إذا كانت في آخر الفعل الثلاثي منقلبة عن واو، مثل دنا، صفا، ربا، عدا. في هذه الحالة، تكون الألف ــــــــ — ممدودة

(٥١)

في (دنا) أصل الألف ــــــــ — واو

(٥٢)

إذا كان أصل الألف المتطرفة في الفعل الثلاثي واواً، تكتب ــــــــ — ممدودة

(٥٣)

قد يعرف أصل الفعل الثلاثي بالرجوع إلى ــــــــ مثل دَنا، يدنو. — المضارع

(٥٤)

قد يعرف أصل ألف الفعل الثلاثي بالرجوع إلى ــــــــ مثل سعى، سعياً — المصدر

(٥٥)

قد يعرف أصل الفعل الثلاثي بزيادة ضمير رفع متحرك مثل دنا، دنَوْتُ — ألف

(٥٦)

(سعيْتَ) تدل على أن أصل الألف في (سعى) ________ ياء

(٥٧)

(دنْوتَ) تدل على أن أصل الألف في (دنا) ________ واو

(٥٨)

(دنا) ألفها ممدودة لأن أصلها ________ واو

(٥٩)

(سعى) ألفها مقصورة لأن أصلها ________ ياء

(٦٠)

إذا كان الفعل رباعياً أو أكثر، تكتب ألفه المتطرفة مقصورة (دائماً/ غالباً) إلا إذا كانت مسبوقة بياء. ________ دائماً

(٦١)

اكتب الفعل الماضي الثلاثي من كل مصدر مما يلي:

جفاء	________	جفا
خُلُوّ	________	خلا
سُمُوّ	________	سما
عُلُوّ	________	علا
دُنُوّ	________	دنا
غَزْو	________	غزا

(٦٢)

اكتب الفعل الماضي الثلاثي من كل مضارع مما يلي:

يبدو	————	بدا
يتلو	————	تلا
يدعو	————	دعا
يروي	————	روى
يدنو	————	دنا
يزكو	————	زكا
يكوي	————	كوى
يمشي	————	مشى
يهدي	————	هدى
يصفو	————	صفا
يطفو	————	طفا
ينوي	————	نوى
يعدو	————	عدا
يطوي	————	طوى
يعوي	————	عوى
يسري	————	سرى
يغدو	————	غدا
يمحو	————	محا
يحمي	————	حمى
ييكي	————	بكى
يربو	————	ربا
يسطو	————	سطا
يسمو	————	سما

(٦٣)

ردّ كل فعل مما يلي إلى الماضي الثلاثي عن الغائب المفرد بحذف ضمير
الرفع من آخره

بنْيتَ	————	بنى

أبيْتَ	______	أبى
خطوْتَ	______	خطا
سموْتَ	______	سما
دنَوْتَ	______	دنا
صحوْتَ	______	صحا
نويْتَ	______	نوى
مشيْتَ	______	مشى
نهيْتَ	______	نهى
سهوْتَ	______	سها
شدْوتَ	______	شدا
قسوْتَ	______	قسا
كبوْتَ	______	كبا
هفَوْتَ	______	هفا
شَويْتَ	______	شوى
طغيْتَ	______	طغى
سقْيتَ	______	سقى

(٦٤)

في إجابات الإطار السابق، تكتب الألف المتطرفة مقصورة إذا كان ______ ياء
أصلها ______ وتكتب ممدودة إذا كان أصلها ______ واواً

(٦٥)

اكتب الفعل الماضي من كل مضارع مما يلي:

يُبدي	______	أبدى
يستهدي	______	استهدى
يشتري	______	اشترى

يرتقي ــــــــ ارتقى

يستولي ــــــــ استولى

يجاري ــــــــ جاري

ينادي ــــــــ نادى

يناجي ــــــــ ناجى

يوالي ــــــــ والى

يهتدي ــــــــ اهتدى

(٦٦)

في إجابات الإطار السابق، الألف المتطرفة مقصورة لأن الفعل يزيد عن ــــــــ أحرف. ثلاثة

(٦٧)

إذا كان الفعل ــــــــ آخره ألف، تكتب الألف ممدودة أو مقصورة حسب أصلها. ثلاثياً

(٦٨)

إذا كان الفعل رباعياً أو خماسياً أو سداسياً آخره ألف، تكون ألفه ــــــــ إلاّ إذا كان قبلها حرف الياء فتكتب عندئذ ممدودة، مثل أحيا. مقصورة

(٦٩)

أضف ألفاً ممدودة أو مقصورة إلى كل مما يلي ليكون الناتج فعلاً ماضياً:

رَبَ ــــــــ ربا

صَحَ ــــــــ صحا

طَغَ ــــــــ طغى

طَوَ ــــــــ طوى

غَزَ ــــــــ غزا

نَحَ	________	نحا
حَدَ	________	حدا
سَبَ	________	سبى
وَعَ	________	وعى
سَجَ	________	سجا
رَجَ	________	رجا
زَهَ	________	زها
حَبَ (الطفل)	________	حبا
نَادَ	________	نادى
سَمَ	________	سما
نَأَ	________	نأى
وَقَ	________	وقى
قَضَ	________	قضى
طَفَ	________	طفا
شَفَ	________	شفى

تمارين متنوعة

(٧٠)

أضف همزة مفتوحة في بداية كل مما يل. اكتب الكلمة الجديدة في الفراغ المحاذي:

بدا	________	أبدى
دنا	________	أدنى
علا	________	أعلى
قسا	________	أقسى
جرى	________	أجرى
درى	________	أدرى
روى	________	أروى

بكى	________	أبكى
نجا	________	أنجى
صفا	________	أصفى
زكا	________	أزكي
غوى	________	أغوى

(٧١)

اجمع كلاً مما يلي جمع تكسير مكوناً من ثلاثة أحرف:

قرية	________	قُرَى
ذورة	________	ذُرا
ربوة	________	رُبا
مهاة	________	مَهَا
شذاة	________	شَذَا
خطوة	________	خُطَا
فلاة	________	فَلاَ
ظُبَة	________	ظُبَا
كلية	________	كلى
رقية	________	رُقى
دمية	________	دُمى

(٧٢)

ادمج الوحدتين في وحدة واحدة:

إلى + ك =	________	إليك
على + هم =	________	عليهم
موسى + هم =	________	موساهم
كسرى + هم =	________	كسراهم
عَلاَ + تَ =	________	علَوْتَ
هَدى + ك =	________	هَداك

هُدى + ه =	________	هُداه
ذكرى + ه =	________	ذكراه
صفا + تَ	________	صفَوْتِ
قضى + تَ =	________	قضَيْتَ
اقتدي + نا =	________	اقتدينا
على + ما =	________	عَلامَ
بكى + ه =	________	بكاه
بنى + ه =	________	بناه

(٧٣)

احذف الهمزة من آخر كل مما يلي وأعد كتابة الكلمة في الفراغ المحاذي:

صحراء	________	صحرا
نجلاء	________	نجلا
اهتداء	________	اهتدا
دعاء	________	دعا
شقاء	________	شقا
بؤساء	________	بؤسا
صدأ	________	صدا
كلأ	________	كلا
ملأ	________	ملا
امتلأ	________	امتلا

(٧٤)

في إجابات الإطار السابق، حذفت الهمزة للتسهيل، فبقيت الألف ________ ممدودة

(٧٥)

بيِّن فيما إذا كانت الألف المتطرفة في آخر كل مما يلي ممدودة أو مقصورة، وبيِّن حكمها هل يكون (دائماً) أم (غالباً):

الحرف:	________	ممدودة غالباً
الاسم المبني :	________	ممدودة غالباً
الاسم الأعجمي:	________	ممدودة غالباً
الفعل الرباعي:	________	مقصورة غالباً
الفعل الخماسي:	________	مقصورة غالباً
الفعل السداسي:	________	مقصورة غالباً
الاسم فوق الثلاثي:	________	مقصورة غالباً

(٧٦)

أعط الفعل الماضي من كل مصدر مما يلي:

إحياء	________	أحيا
إعياء	________	أعيا
إدناء	________	أدنى
إثراء	________	أثرى
إعلاء	________	أعلى
إسقاء	________	أسقى
إبقاء	________	أبقى
إرواء	________	أروى
إنهاء	________	أنهى
إسراء	________	أسرى
إشقاء	________	أشقى

إعفاء	________	أعفى
إضفاء	________	أضفى
إقصاء	________	أقصى
إجراء	________	أجرى
إسداء	________	أسدى
إخفاء	________	أخفى

(٧٧)

في إجابات الإطار السابق، كانت الألف المتطرفية مقصورة لأن الفعل يزيد عن ______ أحرف ما عدا (أحيا وأعيا) حيث كانت الألف ممدودة لأنها مسبوقة بـ ______

ثلاثة

ياء

(٧٨)

(إذا) ألفها المتطرفة ممدودة لأنها اسم ______

مبني

(٧٩)

(إمَّا) ألفها المتطرفة ممدودة لأنها ______ .

حرف

(٨٠)

(على) ألفها المتطرفة مقصورة لأنها من ______ الشاذة.

الحروف

(٨١)

(سما) ألفها المتطرفة ممدودة لأنها فعل ______ أصل ألفه ______ .

ثلاثي

واو

(٨٢)

(أرمينيا) ألفها المتطرفة ممدودة لأنها اسم ______

أعجمي

(٨٣)

(عصا) ألفها المتطرفة ممدودة لأنها اسم ______ أصل ألفه ______ ثلاثي

واو

(٨٤)

(صدى) ألفها المتطرفة مقصورة لأنها اسم ______ أصل ألفه ______ ثلاثي

ياء

(٨٥)

(مأوى) ألفها المتطرفة مقصورة لأنها اسم يزيد عن ______ أحرف. ثلاثة

(٨٦)

(هدايا) ألفها المتطرفة ممدودة لأنها اسم يزيد عن ______ أحرف وقبل ألفه ______ ثلاثة، ياء

(٨٧)

(يحيى) ألفها مقصورة لأنها اسم ______ قبل ألفه ______ علم

ياء

(٨٨)

(يحيا) ألفها ممدودة لأنها فعل فوق ______ قبل ألفه ______ ثلاثي

ياء

(٨٩)

(مشى) ألفها مقصورة لأنها فعل ______ أصل ألفه ______ ثلاثي

ياء

(٩٠)

(استدعى) ألفها مقصورة لأنها فعل يزيد عن ______ أحرف ثلاثة

الاختبار الثالث

اذكر سبب كتابة الألف المتطرفة ممدودة في كل مما يلي مختاراً واحداً من الأسباب الآتية:

حرف، اسم أاعجمي، اسم مبني، الأصل واو، ثم قارن إجاباتك بالإجابات في ملحق (٣) في نهاية الكتاب.

١. أنتما ________

٢. إيطاليا ________

٣. رِبَا ________

٤. أمَا ________

٥. لمّا ________

٦. دَنَا ________

٧. غَدا ________

٨. أيَا ________

٩. عُرَا ________

١٠. حيثما ________

اذكر سبب كتابة الألف المتطرفة مقصورة في كل مما يلي مختاراً واحداً من الأسباب الآتية:

حرف شاذ، اسم أعجمي شاذ، اسم مبني شاذ، الأصل ياء، فوق الثلاثي:

١١. كسرى ________

١٢. متى ________

١٣. على ________

١٤. أذى ________

١٥. مشى ________

١٦. مستشفى ________

١٧. أقصى ________

١٨. بخارى ________

١٩. هدى ________

٢٠. اصطفى ________

بيِّن فيما إذا كانت كتابة الألف المتطرفة ممدودة (عادية)، أي حسب القاعدة العامة، أم (استثنائية):

٢١. ألاَ ________

٢٢. النماس ________

٢٣. زوايا ________

٢٤.أحيا ________

٢٥. رِضَا ________

بيِّن فيما إذا كانت كتابة الألف المتطرفة مقصورة (عادية) أم (استثنائية):

٢٦. رَدَى ________

٢٧. عَلَى ________

٢٨. الألى ________

٢٩. ليلى ________

٣٠. جرى ________

الفصل الرابع

الحروف الشمسية والحروف القمرية

الحروف الشمسية

(١)

في كلمة (الشمس) تكتب أل التعريف وتلفظ همزة الوصل فيها ولكن لا تلفظ لامها، بل تقلب هذه اللام إلى صوت يشبه صوت الحرف الذي بعدها وهو (شين)، وتدغم الشين المستجدة بالشين الأصلية فتصبح الشين مشددة.

وتدعى الشين لذلك حرفاً شمسياً. ويدعى أي حرف يحدث له ما يحدث للشين بعد أل التعريف حرفاً شمسياً.

(٢)

في كلمة (النَّوْم) تكتب اللام ولكن لا ______   تلفظ

(٣)

في (النَّوْم) تقلب اللام عند النطق إلى ______   نون

(٤)

في (النَّوْم) ______ اللام ولكن لا تلفظ.   تكتب

(٥)

تدعى النون حرفاً ________ شمسياً

(٦)

الحرف الشمسي إذا جاء بعد أل ________ ينطق مشدداً. التعريف

(٧)

الحرف الشمسي يستوجب ________ (لفظ/ عدم لفظ) لام التعريف الذي قبله. عدم لفظ

(٨)

الحرف الشمسي إذا وقع بعد أل التعريف ينطق ________(مشدداً/ غير مشدد). مشدداً

(٩)

في (الباب) الباء حرف ________ (شمسي/ غير شمسي) لأن لام أل التعريف التي قبله منطوقة. ولذا فهي حرف قمري. غير شمسي

(١٠)

في (الطائي) الطاء حرف ________ شمسي

(١١)

في (الطائي) اللام ________ (تلفظ / لا تلفظ) لا تلفظ

(١٢)

في (الطائي) الطاء ________ (مشددة/ غير مشددة) مشددة

(١٣)

في (الثوب) الثاء حرف شمسي لأنها ______ بعد لام لم تنطق. مشددة

(١٤)

في (الصَّابون) الصاد حرف ______ لأنها مشددة بعد ______ شمسي
لم تنطق. لام

(١٥)

في (الرَّهبة) ______ حرف شمسي لأنها مشددة بعد لام لم الراء تنطق
______

(١٦)

في (التَّأني) التاء حرف شمسي لأنها ______ بعد لام قلبت إلى مشددة
______ لفظاً تاء

(١٧)

في (الضَّباب) الضد حرف ______ لأنها مشددة بعد لام ______ شمسي
التعريف التي قلبت إلى ضاد لفظاً ألأ

(١٨)

في (الذَّوْد) ______ حرف شمسي لأنها مشددة بعد لام قلبت إلى
______ لفظاً.

(١٩)

في (الدَّواء) الدال ______ شمسي لأنها ______ بعد لام قلبت حرف
إلى دال لفظاً. مشددة

(٢٠)

في (السّؤال) السين حرف شمسي لأنها مشددة بعد ______ تكتب ولا تلفظ. — لام

(٢١)

في (الظّل) الظاء حرف ______ لأنها ______ بعد لام قلبت إلى ظاء لفظاً. — شمسي، مشددة

(٢٢)

في (الزُّهد) ______ حرف شمسي لأنها مشددة بعد لام قلبت إلى راي ______ (لفظاً/ كتابة) — الزاي لفظاً

(٢٣)

في (الشَّمال) الشين حرف شمسي لأنها مشددة بعد ______ قلبت إلى ______ لفظاً — لام، شين

(٢٤)

في (اللوز) جاءت أل التعريف قبل حرف ______ التي هي حرف شمسي لأنها مشددة بعد لام أل التعريف. — اللام

الحروف القمرية:

(٢٥)

في (القمر) القاف حرف ______ لأنها لم تشدد ولأن لام أل التعريف قبلها لم تقلب، بل كُتبتْ ولُفظتْ. — قمري

(٢٦)

كل حرف مثل القاف يدعى حرفاً ______ — قمرياً

(٢٧)

الحرف القمري ـــــ (يشدد/ لا يشدد) بعد أل التعريف. — لا يشدد

(٢٨)

لام أل التعريف قبل الحرف القمري تكتب وــــــ — تلفظ

(٢٩)

لام أل التعريف قبل الحرف القمري ــــــ وتلفظ — تكتب

(٣٠)

في (الأزل) الهمزة حرف ــــــ لأنها ــــــ مشددة بعد أل التعريف. — قمري، غير

(٣١)

في (الباقي) ــــــ حرف قمري لأنها غير مشددة بعد ــــــ التعريف — الباء، أل

(٣٢)

في (الغزال) الغين ــــــ قمري لأنها غير ــــــ بعد أل التعريف. — حرف، مشددة

(٣٣)

في (الحمامة) ــــــ حرف قمري لأنها غير مشددة بعد أل ــــــ — الحاء، التعريف

(٣٤)

في (الجَمَل) ــــــ حرف قمري لأنها غير ــــــ بعد أل التعريف. — الجيم، مشددة

(٤٢)

في (الموز) _____ حرف قمري لأنها غير مشددة بعد _____   الميم

مكتوبة ومنطوقة.   لام

(٤٣)

في (الهواء) الهاء حرف _____ _____ لأنها _____ مشددة بعد لام   قمري، غير

مكتوبة ومنطوقة.

(٤٤)

في كل مجموعة مما يلي حرف شمسي واحد. اكتبه في الفراغ المحاذي:

أ، ب، غ، ط: _____   ط

ح، ث، ج، ك: _____   ث

و، خ، س، ف: _____   س

ذ، ي، م، هـ: _____   ذ

تمارين متنوعة

(٤٥)

في كل مجموعة مما يلي حرف قمري واحد. اكتبه في الفراغ المحاذي:

ص، ح، ر: _____   ح

س، ز، ف: _____   ف

ع، ط، ض: _____   ع

(٤٦)

لنعرف الحرف شمسياً أو قمرياً، نضع قبله _____ _____ _____   أل التعريف

(٤٢)

في (الموز) ـــــــ حرف قمري لأنها غير مشددة بعد ـــــــ   الميم

مكتوبة ومنطوقة.   لام

(٤٣)

في (الهواء) الهاء حرف ـــــــ لأنها ـــــــ مشددة بعد لام   قمري، غير

مكتوبة ومنطوقة.

(٤٤)

في كل مجموعة مما يلي حرف شمسي واحد. اكتبه في الفراغ المحاذي:

أ ، ب، غ، ط:	ـــــــ	ط
ح، ث، ج، ك:	ـــــــ	ث
و، خ، س، ف:	ـــــــ	س
ذ، ي، م، هـ:	ـــــــ	ذ

تمارين متنوعة

(٤٥)

في كل مجموعة مما يلي حرف قمري واحد. اكتبه في الفراغ المحاذي:

ص، ح، ر:	ـــــــ	ح
س، ز، ف:	ـــــــ	ف
ع، ط، ض:	ـــــــ	ع

(٤٦)

لنعرف الحرف شمسياً أو قمرياً، نضع قبله ـــــــ ـــــــ   أل التعريف

(٤٧)

الحرف الشمسي يكون ـــــــ (مشدداً/ غير مشدد) بعد أل   مشدداً

التعريف.

(٤٧)

الحرف الشمسي يكون ——— (مشدداً/ غير مشدد) بعد أل التعريف. مشدداً

(٤٨)

الحرف ——— يكون غير مشدد بعد أل التعريف. القمري

(٤٩)

قبل الحرف الشمسي، تكتب ——— ولا تلفظ. اللام

(٥٠)

قبل الحرف القمري، تكتب اللام و——— تلفظ

(٥١)

في الحرف ——— تنقلب لام أل التعريف إلى مثيل الحرف الشمسي لفظاً فقط. الشمسي

(٥٢)

مع الحرف القمري ——— (تنقلب / لاتنقلب) لام أل التعريف. لا تنقلب

(٥٣)

اكتب (قمري) أو (شمسي) واصفاً الحرف الأول بعد أل التعريف في كل مما يلي:

الصبر	———	شمسي
الطوفان	———	شمسي
الحمار	———	قمري
الشفاعة	———	شمسي
القَوْم	———	قمري

الملجأ	________	قمري
الهناء	________	قمري
السعادة	________	شمسي
الزفاف	________	شمسي
العرس	________	قمري
الزواج	________	شمسي
الأب	________	قمري
الخال	________	قمري
الحنان	________	قمري
الرسول	________	شمسي
الوحي	________	قمري
الكتاب	________	قمري
اللواء	________	شمسي
الدفء	________	شمسي

(٥٤)

بيِّن فيما إذا كان كل حرف مما يلي (شمسياً) أو (قمرياً). ومما يساعدك في الإجابة أن تختار كلمة أولها نفس الحرف وتدخل عليها أل التعريف.

ب	________	قمري
ث	________	شمسي
غ	________	قمري
ح	________	قمري
ص	________	شمسي
ج	________	قمري
ك	________	قمري
و	________	قمري
ر		شمسي

ع ________ قمري

ت ________ شمسي

ق ________ قمري

ذ ________ شمسي

ي ________ قمري

د ________ شمسي

ظ ________ شمسي

ل ________ شمسي

(٥٥)

بيِّن فيما إذا كان الحرف بعد أل التعريف (مشدداً) أو (غير مشدد):

النعمان ________ مشدد

الإسلام ________ غير مشدد

العرب ________ غير مشدد

الرجال ________ مشدد

الملك ________ غير مشدد

الخطيب ________ غير مشدد

المفتاح ________ غير مشدد

الضوء ________ مشدد

الطمي ________ مشدد

الظن ________ مشدد

البريء ________ غير مشدد

النصر ________ مشدد

السماع ________ مشدد

البصر ________ غير مشدد

النداء ________ مشدد

الذوق ________ مشدد

الشمّ	ــــــــ	مشدد
الهواء	ــــــــ	غير مشدد
الحسّ	ــــــــ	غير مشدد

(٥٦)

بيِّن فيما إذا كانت اللام في أل التعريف (تلفظ) أو (لا تلفظ) في كل مما يلي:

الحياة	ــــــــ	تلفظ
الناس	ــــــــ	لا تلفظ
الصلاة	ــــــــ	لا تلفظ
الأرض	ــــــــ	تلفظ
الجنود	ــــــــ	تلفظ
السرير	ــــــــ	لا تلفظ
البلاغة	ــــــــ	تلفظ
النحو	ــــــــ	لا تلفظ
الفقه	ــــــــ	تلفظ
التاريخ	ــــــــ	لا تلفظ
الجغرافيا	ــــــــ	تلفظ
الكيمياء	ــــــــ	تلفظ
الأحياء	ــــــــ	تلفظ
الدين	ــــــــ	لا تلفظ
الأدب	ــــــــ	تلفظ
الزهرة	ــــــــ	لا تلفظ
السياسة	ــــــــ	لا تلفظ
الأمين	ــــــــ	تلفظ
الشدة	ــــــــ	لا تلفظ
الرحمة	ــــــــ	لا تلفظ

(٥٧)

في كلمات الإطار السابق، تكتب لام أل التعريف ـــــــ (دائماً/ أحياناً) ولكنها تلفظ قبل الحرف القمري ولا تلفظ قبل الحرف ـــــــ

دائماً

الشمسي

(٥٨)

بيِّن فيما إذا كانت لام أل التعريف (تُكتب) أو (لا تُكتب) في كل مما يلي:

الحوادث	ـــــــ	تكتب
الجواري	ـــــــ	تكتب
الطعام	ـــــــ	تكتب
الثوب	ـــــــ	تكتب
الخليفة	ـــــــ	تكتب
القصة	ـــــــ	تكتب
الشرط	ـــــــ	تكتب
الماء	ـــــــ	تكتب
الشراب	ـــــــ	تكتب
الاستراحة	ـــــــ	تكتب

(٥٩)

في كلمات الإطار السابق، تكتب لام أل التعريف سواء أكان الحرف بعدها ـــــــ أم ـــــــ

قمرياً، شمسياً

(٦٠)

تلفظ لام أل التعريف قبل الحرف ـــــــ ولا تلفظ قبل الحرف ـــــــ

القمري

الشمسي

(٦١)

س، ص، ش، ض حروف ______ شمسية

(٦٢)

ع، غ، ح، ج، خ حروف ______ قمرية

(٦٣)

ر، ز، د، ذ حروف ______

(٦٤)

ك، ف، ق حروف ______ قمرية

(٦٥)

إذا سمعت شخصاً ينطق كلمة أولها أل التعريف متبوعة بحرف شمسي فإنك ______ (تسمع/ لا تسمع) لام أل التعريف. لا تسمع

(٦٦)

عند اللفظ تنقلب لام أل التعريف إلى صوت ______ (يطابق/ يخالف) صوت الحرف الشمسي الذي بعدها. يطابق

(٦٧)

عند نطق (الطب) تنقلب اللام إلى ______ طاء

(٦٨)

عند نطق (الثمرة) تنقلب ل إلى ______ ث

(٦٩)

عند نطق (الصف) تنقلب ل إلى ______ ص

(٧٠)

عند نطق (الرافعة) تنقلب ل إلى ________ ر

(٧١)

عند نطق (االتفاحة) تنقلب ل إلى ________ ت

(٧٢)

عند نطق (الضباب) تنقلب ل إلى ________ ض

(٧٣)

عند نطق (الذبابة) تنقلب ل إلى ________ ذ

(٧٤)

عند نطق (الناس) تنقلب ل إلى ________ ن

(٧٥)

عند نطق (الداعي) تنقلب ل إلى ________ د

(٧٦)

عند نطق (الساقي) تنقلب ل إلى ________ س

(٧٧)

عند نطق (الظلال) تنقلب ل إلى ________ ظ

(٧٨)

عند نطق (الزاهي) تنقلب ل إلى ________ ل

(٧٩)

عند نطق (الشمس) تنقلب ل إلى ________ ش

(٨٠)

شمسياً — قلب لام أل التعريف إلى صوت يطابق صوت الحرف الذي بعدها يحدث إذا كان هذا الحرف ________

(٨١)

اللفظ — انقلاب لام أل التعريف إلى صوت يطابق صوت الحرف الذي بعدها يحدث في ________ (اللفظ/ الكتابة) فقط. وقد يعبّر عنه بوضع شدة على الحرف الذي بعد أل التعريف، مثل الشَّمس.

(٨٢)

أعد كتابة كل مما يلي واضعاً شدة على الحرف الأول بعد أل التعريف حيث يلزم. وإلاَّ أعد كتابة الكلمة كما هي دون شدّة.

الضيط	________	الضّيط
السعيد	________	السّعيد
القلب	________	القلب
الجائع	________	الجائع
البائس	________	البائس
الفقير	________	الفقير
الغني	________	الغني
الظلام	________	الظلام
الرذيلة	________	الرّذيلة
اليد	________	اليد
الدمعة	________	الدّمعة
الدماء	________	الدّماء
الصباح	________	الصّباح
الشرح	________	الشّرح

البيت	________	البيت
الصرف	________	الصّرف
الجراحة	________	الجراحة
المياه	________	المياه
الرطوبة	________	الرّطوبة
السيف	________	السيف
الصفاء	________	الصّفاء
المكتبة	________	المكتبة
الرغيف	________	الرّغيف
السكون	________	السّكون
الصحيفة	________	الصّحيفة
الضمير	________	الضّمير
الجمال	________	الجمال

الاختبار الرابع

في كل مجموعة مما يلي كلمة واحدة تختلف عن سواها من حيث كون حرفها الأول بعد أل التعريف شمسياً أو قمرياً. اكتب هذه الكلمة في الفراغ المحاذي ثم قارن إجاباتك بالإجابات الصحيحة في ملحق (٤) في نهاية الكتاب.

١. الثناء، السماء، العراء: ————

٢. الشمال، الجنو، الشرق: ————

٣. الفم، اليد، الرجل: ————

٤. التفاح، الحمام، الغلاء: ————

٥. القوة، الدهاء، الرمز: ————

٦. الظل، الغمام، الهمام: ————

٧. الطور، الثواء، الباهي: ————

٨. الحاوي، الباكي، النادي   ————

٩. الناسي، الصائم، الفائز: ————

١٠. الفراء، الزلال، البلادة: ————

.

الفصل الخامس

التاء المفتوحة والتاء المربوطة

(١)

(ذهبَتْ) آخرها تاء مفتوحة. أما (فاطمة) فآخرها تاء مربوطة.

التاء المفتوحة:

(٢)

(جلست) آخرها تاء ________ — مفتوحة

(٣)

تكتب التاء ________ هكذا (ت). — المفتوحة

(٤)

تكتب التاء ________ هكذا (ة). — المربوطة

(٥)

إذا وقفنا على آخر الكلمة بالسكون فإن التاء ________ تلفظ، مثل نامَتْ التي تنتهي بتاء التأنيث الساكنة. — المفتوحة

(٦)

(شربتْ) آخرها تاء ــــــــ الساكنة. التأنيث

(٧)

تاء التأنيث الساكنة التي تلحق الفعل الماضي تكتب تاء ــــــــ مفتوحة
مثل قامتْ، نامتْ، نسيَتْ.

(٨)

بيِّن فيما إذا كانت التاء في نهاية كل مما يلي (مفتوحة) أو (مربوطة):

درسْتَ	ــــــــ	مفتوحة
درسَتْ	ــــــــ	مفتوحة
درسْتِ	ــــــــ	مفتوحة
دراسة	ــــــــ	مربوطة
دراسات	ــــــــ	مفتوحة
دارسة	ــــــــ	مربوطة
علامة	ــــــــ	مربوطة
علامات	ــــــــ	مفتوحة
علاّمة	ــــــــ	مربوطة
عاملة	ــــــــ	مربوطة
عالمية	ــــــــ	مربوطة
عاملات	ــــــــ	مفتوحة
علمية	ــــــــ	مربوطة

(٩)

أضف تاء التأنيث الساكنة إلى كل فعل مما يلي:

سأل	ــــــــ	سألتْ
قام	ــــــــ	قامتْ

دام	________	دامتْ
لام	________	لامتْ
كان	________	كانتْ
هتف	________	هتفتْ
أكل	________	أكلتْ
أخذ	________	أخذتْ
استقام	________	استقامتْ

(١٠)

في إجابات الإطار السابق، كانت التاء ________ لأنها تاء التأنيث الساكنة المتصلة بالفعل ________ — مفتوحة الماضي

(١١)

في (درسْتُ) التاء ________ لأنها تاء الفاعل المتحركة. — مفتوحة

(١٢)

في (درسْتَ) التاء ________ لأنها تاء ________ المتحركة. — مفتوحة، الفاعل

(١٣)

في (درسْتِ) التاء ________ لأنها تاء ________ — مفتوحة، الفاعل

(١٤)

أضف تاء الفاعل الدالة على المتكلم المفرد إلى كل فعل مما يلي مع شكل آخر حرفين:

دَرَسَ	________	درسْتُ
كتب	________	كتبْتُ
نام	________	نمْتُ
وجد	________	وجدْتُ

صام	ـــــــــــ	صمْتُ
أكل	ـــــــــــ	أكلْتُ
ثاير	ـــــــــــ	ثابرْتُ
صبر	ـــــــــــ	صبرْتُ
قاوم	ـــــــــــ	قاومْتُ

(١٥)

في إجابات الإطار السابق، كتبت التاء ــــــــ لأنها تاء الفاعل   مفتوحة

المتحركة.

(١٦)

أضف تاء الفاعل الدالة على المخاطب المفرد إلى كل فعل مما يلي مع شكل الحرفين الأخيرين:

نجح	ـــــــــــ	نجحْتَ
صبر	ـــــــــــ	صبرْتَ
قدم	ـــــــــــ	قدمْتَ
ثابر	ـــــــــــ	ثابرْتَ
داوم	ـــــــــــ	داومْتَ
ندم	ـــــــــــ	ندمْتَ
لزم	ـــــــــــ	لزمْتَ
قال	ـــــــــــ	قلْتَ
صام	ـــــــــــ	صمْتَ
دام	ـــــــــــ	دمْتَ
نسي	ـــــــــــ	نسيْتَ

(١٧)

في إجابات الإطار السابق، التاء ــــــ لأنها ــــــ الفاعل   مفتوحة

المتحركة.

تاء

(١٨)

أضف تاء الفاعل الدالة على المخاطبة المفردة إلى كل فعل مما يلي مع شكل الحرفين الأخيرين:

نام	ــــــــ	نِمْتِ
زرع	ــــــــ	زرعْتِ
بذر	ــــــــ	بذرْتِ
حصد	ــــــــ	حصدْتِ
شرب	ــــــــ	شربْتِ
غسل	ــــــــ	غسلْتِ
استيقظ	ــــــــ	استيقظْتِ
سبح	ــــــــ	سبحْتِ
أكل	ــــــــ	أكلْتِ
خرج	ــــــــ	خرجْتِ
دخل	ــــــــ	دخلْتِ
صعد	ــــــــ	صعدْتِ
قرأ	ــــــــ	قرأْتِ
رسم	ــــــــ	رسمْتِ
تقدم	ــــــــ	تقدمْتِ

(١٩)

في إجابات الإطار السابق، التاء ــــــــ لأنها تاء ــــــــ المتحركة. مفتوحة الفاعل

(٢٠)

في (بات) التاء ــــــــ لأنها أصلية في آخر الفعل. مفتوحة

(٢١)

إذا كانت التاء ساكنة في نهاية الفعل الماضي فهي تاء ─────── التأنيث
وهي مفتوحة، مثل ذهبَتْ.

(٢٢)

إذا كانت التاء مفتوحة الحركة في نهاية الفعل الماضي وقبلها ساكن،   تاء
فهي تاء الفاعل، أي ─────── المخاطب، مثل ذهبْتَ

(٢٣)

إذا كانت التاء مضمومة في نهاية الفعل الماضي وقبلها ساكن، فهي تاء   المتكلم
الفاعل، أي تاء ─────── المفرد، مثل ذهبْتُ.

(٢٤)

إذا كانت التاء مكسورة في نهاية الفعل الماضي وقبلها ساكن، فهي تاء   المخاطبة
الفاعل، أي تاء ─────── المفردة، مثل هبْتِ.

(٢٥)

بيّن سبب كون التاء مفتوحة في نهاية كل فعل مما يلي. واختر واحداً
من الأسباب التالية: تاء التأنيث، تاء المتكلم، تاء المخاطب، تاء المخاطبة، تاء
أصلية:

فاتَ	───────	تاء أصلية
صامَتْ	───────	تاء التأنيث
وجدَتْ	───────	تاء التأنيث
صمْتَ	───────	تاء المخاطب
صمْتِ	───────	تاء المخاطبة

صمْتُ	______	تاء المتكلم
مَاتَ	______	تاء أصلية
بهتَ	______	تاء أصلية
وجدْتَ	______	تاء المخاطب
نَحَتَ	______	تاء أصلية
وجدْتِ	______	تاء المخاطبة
سكتَ	______	تاء أصلية
وجدْتُ	______	تاء المتكلم
خَفَتَ	______	تاء المخاطب
جمعْتِ	______	تاء أصلية
جمعْتُ	______	تاء المخاطبة
بَاتَ	______	تاء المتكلم

(٢٦)

في إجابات الإطار السابق، التاء ______ لأن التاء تاء التأنيث أو تاء المخاطب أو تاء المخاطبة أو تاء المتكلم أو تاء ______.

مفتوحة

(٢٧)

في (دراسات) التاء ______ لأنها تاء جمع المؤنث ______

مفتوحة

السالم

(٢٨)

في (هوايات) التاء مفتوحة لأنها تاء ______ السالم.

جمع المؤنث

(٢٩)

إذا كان في آخر الاسم المفرد تاء مفتوحة، فإن جمع

التكسير يحتوي أيضاً على ______ مفتوحة، مثل (أوقات) التي هي جمع (وقت) — تاء

(٣٠)

إذا كان الاسم ثلاثياً ساكن الوسط، تكون تاؤه المتطرفة ______ مثل بنت، أخت، زيت، نحت. — مفتوحة

(٣١)

تاء الحرف تكون ______ مثل لَيْتَ. — مفتوحة

(٣٢)

التاء الأصلية المتطرفة في الفعل تكون ______ مثل سَكَتَ، خَفَتَ، باتَ. — مفتوحة

(٣٣)

تاء الاسم المفرد المذكر تكون ______ مثل ثَبَات، نبات، عرَفات، سُبَات. — مفتوحة

(٣٤)

تاء الملحق بجمع المؤنث السالم تكون ______ مثل بنات، ذوات. — مفتوحة

التاء المربوطة

(٣٥)

تكتب التاء ______ هكذا (ة) أو (ـة). — المربوطة

(٣٦)

إن الشكل الكتابي للتاء المربوطة هو ـــــــ إذا كانت مفردة، أو ـــــــ إذا كانت متصلة بما قبلها. ة ـة

(٣٧)

إذا وقفنا على آخر الكلمة بالسكون فإن التاء ـــــــ تلفظ كما هي. المفتوحة

(٣٨)

إذا وقفنا على آخر الكلمة بالسكون فإن التاء ـــــــ تلفظ هاء، مثل فاطمة. المربوطة

(٣٩)

إذا أضفنا تاء التأنيث إلى الاسم المذكر نكتبها ـــــــ (مربوطة/مفتوحة)، مثل تلميذة، معلّمة، مجتهدة. مربوطة

(٤٠)

حول الأسماء التالية من مذكر إلى مؤنث بزيادة التاء:

كبير	ـــــــ	كبيرة
عالٍ	ـــــــ	عالية
وحيد	ـــــــ	وحيدة
طويل	ـــــــ	طويلة
نظيف	ـــــــ	نظيفة
واسع	ـــــــ	واسعة
جميل	ـــــــ	جميلة
فريد	ـــــــ	فريدة

(٤١)

إذا كان المفرد في آخره تاء أصلية مفتوحة وجمعناه جمع

تكسير، فإن التاء تبقى ـــــــ مثل (زيوت) جمع (زيت). — مفتوحة

(٤٢)

إذا كان المفرد ليس في آخره تاء مفتوحة وجمعناه جمع تكسير، فإن تاء الجمع تكون ـــــــ مثل قضاة جمع (قاضٍ) ودعاة جمع (داعٍ). — مربوطة

(٤٣)

اجمع ما يلي جمع تكسير يشبه جمع (قاضٍ) على (قُضَاة):

راعٍ	ـــــــ	رُعاة
حامٍ	ـــــــ	حُماة
والٍ	ـــــــ	وُلاة
غازٍ	ـــــــ	غُزاة
ساقٍ	ـــــــ	سُقاة

(٤٤)

إذا كان الاسم مفرداً مؤنثاً غير ثلاثي، تكون تاؤه ـــــــ مثل فاطمة. أما إذا كان الاسم مفرداً مؤنثاً ثلاثياً ساكن الوسط، فتكون تاؤه ـــــــ مثل بِنْت، أُخت. — مربوطة — مفتوحة

(ثَمَّةَ) الظرفية تاؤها ـــــــ أما (ثُمَّتَ) فهي حرف عطف تاؤه ـــــــ مثل تاء سائر الحروف. — مربوطة — مفتوحة

(٤٥)

تاء صيغة المبالغة تكون ـــــــ مثلا علاّمة، بحّاثة. — مربوطة

(٤٦)

إذا كانت التاء مربوطة ثم أصبحت متوسطة بسبب إضافة

ضمير إلى الاسم، تصبح تاء ______ مثل (إجابة + هم) التي تصبح مفتوحة (إجابتهم).

(٤٧)

ادمج الوحدتين في وحدة واحدة:

مسطرة + هـ=	______	مسطرته
كتابة + هم =	______	كتابتهم
إعانة + ها =	______	إعانتها
زوجة + هـ=	______	زوجته
قضية + نا =	______	قضيتنا
عودة + كم =	______	عودتكم

(٤٩)

بيِّن سبب كون التاء مربوطة في كل مما يلي. اختر أحد الأسباب الآتية واكتب رقمه فقط:

١. اسم مفرد مؤنث غير ثلاثي.

٢. جمع تكسير مفرده ليس فيه تاء مفتوحة.

٣. صيغة مبالغة.

٤. تأنيث الاسم المذكر.

خديجة	______	١
مساعدة	______	٤
دُعاة	______	٢
علاّمة	______	٣
قُساة	______	١

راوية ________ ٣

معلّمة ________ ٤

عبلة ________ ١

رُعاة ________ ٢

سميرة ________ ١

ذكية ________ ٤

نابغة ________ ٣

تمارين متنوعة

(٥٠)

بيِّن سبب كون التاء مفتوحة في كل مما يلي. اختر واحداً من الأسباب الآتية واكتب رقمه فقط:

١. تاء التأنيث الساكنة بعد الفعل الماضي.

٢. تاء الفاعل المتحركة بعد الفعل الماضي.

٣. تاء الفعل الأصلية.

٤. تاء جمع المؤنث السالم.

٥. تاء الجمع الملحق بجمع المؤنث السالم.

٦. تاء الاسم الثلاثي الساطن الوسط.

٧. تاء جمع التكسير الذي في مفرده تاء مفتوحة.

٨. تاء الحرف.

٩. تاء الاسم المفرد المذكر.

دَرَسَتْ ________ ١

بَاتَ ________ ٣

بَيْتٌ ________ ٦

لعبَتْ ________ ١

سَمْتٌ	________	٦
نَبَتَ	________	٣
كُمَيْتٌ	________	٦
نامَتْ	________	١
صَمَتَ	________	٣
قُوْتٌ	________	٦
قَتَتَ	________	٣
مجتهدات	________	٤
زيوتٌ	________	٧
لَيْتَ	________	٨
أمينات	________	٤
طالوت	________	٩
ذهبتُ	________	٢
بنات	________	٥
جبروت	________	٩
مسافراتٍ	________	٤
حوتٌ	________	٦
أوقات	________	٧
لاتَ	________	٨
نائمات	________	٤
ذوات	________	٥
طاغوت	________	٩
جلسْتَ	________	٢
بيوت	________	٧
توتٌ	________	٦
وقْتٌ	________	٦
جلسْتِ	________	٢

(٥١)

اجمع كلاً مما يلي جمع تكسير:

باغي	________	بُغاة
بيت	________	بيوت
قوت	________	أقوات
سادي	________	هُداه
ناعي	________	نُعاة
زيت	________	زيوت
راعي	________	رُعاة
عاري	________	عُراة
حافي	________	حُفاة
قاضي	________	قضاة

(٥٢)

أضف التاء المربوطة أو المفتوحة المحذوفة من آخر كل مما يلي وأعد كتابة الكلمة في الفراغ المحاذي:

عَائدَ	________	عائدة
ضَرْبَ	________	ضربة
فَا	________	فاتَ
بَحْ	________	بحت
لَيْ	________	ليست
علاما	________	علامات
عَلاَم	________	علامة

(٥٣)

حول المضارع إلى ماضٍ في كل حالة مما يلي:

يمقت	________	مقت

ينصت	______	نصت
يسكت	______	سكت
يلفت	______	لفت
يبيت	______	بات
يموت	______	مات
يثبت	______	ثبت
يفوت	______	فات
يكبت	______	كبت
ينعت	______	نعت

(٥٤)

في إجابات الإطار السابق، التاء المتطرفة مفتوحة لأنها تاء ______ (أصلية/ غير أصلية) في الفعل. أصلية

(٥٥)

حول الماضي إلى مضارع لكل مما يلي:

بهت	______	يبهت
نصت	______	ينصت
قنت	______	يقنت
شتَّت	______	يشتِّت
نبت	______	ينبت
ثبت	______	يثبت

(٥٦)

في إجابات الإطار السابق، التاء النهائية مفتوحة لأنها ______ أصلية في الفعل. تاء

(٥٧)

التاء الأصلية في نهاية الفعل أو الحرف لا تكون إلاَّ ـــــ مفتوحة

(٥٨)

التاء الأصلية في نهاية الفعل أو الحرف لا تكون ـــــ مربوطة

(٥٩)

اجمع كلاً مما يلي جمع مؤنث سالم:

والدة	ـــــ	والدات
صائحة	ـــــ	صائحات
قانتة	ـــــ	قانتات
حافظة	ـــــ	حافظات
لائمة	ـــــ	لائمات
قائمة	ـــــ	قائمات
فاتنة	ـــــ	فاتنات
عائمة	ـــــ	عائمات
زاهرة	ـــــ	زاهرات
فاطمة	ـــــ	فاطمات
هائمة	ـــــ	هائمات

(٦٠)

في إجابات الإطار السابق، التاء ـــــ لأنها تاء جمع ـــــ مفتوحة المؤنث السالم.

(٦١)

(زيْت) تاؤها مفتوحة لأنها اسم ـــــ ساكن ـــــ ثلاثي الوسط

الاختبار الخامس

املأ الفراغات الآتية بأفضل كلمة ثم قارن إجاباتك بالإجابات الصحيحة في ملحق (٥) في نهاية الكتاب.

١. (دَسْتٌ) تاؤها مفتوحة لأنها اسم _____ ساكن الوسط.

٢. (مَقَتَ) تاؤها مفتوحة لأنها تاء _____ في الفعل.

٣. (وُلاة) تاؤها مربوطة لأنها جمع تكسير يخلو مفرده من التاء _____

٤. (لَيْتَ) تاؤها مفتوحة لأنها _____

٥. (زيوتٌ) تاؤها مفتوحة لأنها جمع تكسير في مفره تاء _____ أصلية.

٦. (جمعَتْ) تاؤها مفتوحة لأنها تاء التأنيث _____

٧. (درسْتُ) تاؤها مفتوحة لأنها تاء _____ المتحركة.

٨. (نابغة) تاؤها مربوطة لأنها صيغة تدل على _____

٩. (دراستهم) تاؤها مفتوحة لأن التاء في _____ الكلمة تكون دائماً مفتوحة.

١٠. التاء المربوطة إذا وقفنا عندها بالسكون تلفظ _____

الفصل السادس

الحروف المحذوفة

حذف همزة الوصل:

(١)

تحذف همزة الوصل من كلمة (ابن) إذا كانت مفردة بين علمين على أن يكون العلم الذي قبلها غير منون وأن تكون (ابن) نعتاً له غير مفصولة عنه وألاّ تكون (ابن) في أول السطر.

(٢)

تحذف همزة الوصل من (ابنة) بنفس شروط حذفها من (ابن)، مثل أسماء بنة أبي بكر.

(٣)

في (مجدي ومنير ابنا محمد) لم تحذف همزة (ابنا) لأنها ــــــــــ
إذ يشترط لحذف الهمزة أن تكون (ابن) ــــــــــ

مثناة

مفردة

(٤)

في (ابن الخطاب) لم تحذف همزة (ابن) لأن (ابن)

لم تقع بين ــــــــ ولو وقعت بينهما لحذفت همزتها، مثل (عمر بن الخطاب). — علمين

(٥)

في (خالدٍ ابن الوليد) لم تحذف همزة (ابن) لأن الذي قبلها ــــــــ لأن عدم تنويه شرط من شروط حذف همزة (ابن). — منوّن

(٦)

إذا وقعت (ابن) في أول السطر بين علمين فإن همزتها ــــــــ (تحذف/ لا تحذف). — لا تحذف

(٧)

إذا كانت (مجدي ابن محمد) جواباً لسؤال (مجدي ابن من ؟)، فإن همزة (ابن) لا تحذف لأن (ابن) تكون في هذه الحالة خبراً وليست ــــــــ كما هو الشرط. — نعتاً

(٨)

في (مجدي هو ابن محمد) ــــــــ (تحذف/ لا تحذف) همزة (ابن) لأن (ابن) مفصولة عن العلم الذي قبلها. — لا تحذف

(٩)

في (المزارع ابن المزارع) لا تحذف ــــــــ (ابن) لأنها لم تقع بين ــــــــ — همزة / علمين

(١٠)

أعد كتابة ما يلي حاذفاً همزة (ابن) أو (ابنة) حيث يجب الحذف:

عمرو + ابن + العاص: ________ عمرو بن العاص

زياد + ابن + أبيه: ________ زياد ابن أبيه

الحسن والحسين + ابنا + علي: ________ الحسن والحسين ابنا علي

مريم + ابنة + عمران: ________ مريم بنة عمران

فاطمة + ابنة + محم: ________ فاطمة بنة محمد

(١١)

اذكر سبب عدم حذف همزة (ابن) في كل حالة مما يلي. اختر أحد الأسباب الآتية واكتب رقم السبب فقط:

١. (ابن) مثناة وليست مفردة.

٢. لم تقع (ابن) بين علمين.

٣. وقع بين (ابن) والعلم الذي قبلها فاصل.

٤. العلم الذي قبل (ابن) منون.

أديب ابن أديب ________ ٢

الأمين والمأمون ابنا الرشيد ________ ١

زيدٌ ابن ابراهيم ________ ٤

الأمين هو ابن الرشيد ________ ٣

(١٢)

تحذف همزة (ابن) و(ابنة) بعد ________ الاستفهام، مثل ابن عليٍّ هذا؟ أي هل هذا ابن عليّ؟ همزة

(١٣)

تحذف همزة الوصل من كلمة (اسم) إذا دخلت عليها ________ الاستفهام، مثل أسمك محمد؟ همزة

(١٤)

همزة الوصل ـــــــــ من (اسم) في البسملة الكاملة، أي من (بسم الله الرحمن الرحيم).   تحذف

(١٥)

(باسم الله) ـــــــــ (تحذف/ لا تحذف) همزة (اسم) فيها لأنها بسمله غير كامله.   لا تحذف

(١٦)

يشترط في حذف همزة (اسم) في البسملة أن تكون البسملة ـــــــــ فعلها غير مذكور.   كاملة

(١٧)

(باسمك اللهم) ـــــــــ (تحذف/ لا تحذف) همزة (اسم) فيها لأنها بسملة غير كاملة.   لا تحذف

(١٨)

تحذف همزة الوصل بعد همزة ـــــــــ مثل أنتقل إلى عمل آخر؟ أي هل انتقل إلى عمل آخر؟   الاستفهام

(١٩)

تحذف همزة الوصل من أل ـــــــــ إذا دخلت عليها اللام، مثل للفنون، للماء، للهواء.   التعريف

(٢٠)

أعد كتابة ما يلي حاذفاً همزة الوصل حيث يجب الحذف

لِ + الرجل =   ـــــــــ   للرجل

لَ + العلم   ـــــــــ   للعلم

أَ + ابنك هذا؟ =	ــــــــــ	أبنك هذا
بِـ + اسم الله =	ــــــــــ	باسم الله
بِـ + اسم الله ال رحمن الرحيم =	ــــــــــ	بسم الله الرحمن الرحيم
أ + اسمك زيد ؟ =	ــــــــــ	أسمك زيد

(٢١)

بيِّن سبب حذف همزة الوصل في كل مما يلي. اختر أحد الأسباب الآتية واكتب رقمه فقط:

١. حذفت همزة أل التعريف لدخول اللام.

٢. حذفت همزة (اسم) بسبب البسملة الكاملة.

٣. حذفت همزة (اسم) بعد همزة الاستفهام.

٤. حذفت همزة الوصل بعد همزة الاستفهام.

٥. حذفت همزة (ابن) لاستيفاء الشروط.

أجتهاداً؟	ــــــــــ	٤
عمرو بن كلثوم	ــــــــــ	٥
للمؤمنين	ــــــــــ	١
بسم الله الرحمن الرحيم	ــــــــــ	٢
أسمك علي؟	ــــــــــ	٣

(٢٢)

يشترط في حذف همزة (اسم) في البسملة أن تكون البسملة ــــــــــ وأن تكون متعلقة بفعل أو مشتق محذوف. فإذا ذكر الفعل أو المشتق، ــــــــــ (تحذف/لا تحذف)، مثل أبدأ باسم الله الرحمن الرحيم.

كاملة

لا تحذف

(٢٣)

بيِّن سبب عدم حذف همزة الوصل في كل مما يلي. اختر

سبباً واحداً مما يلي واكتب رقمه فقط:

١. بسملة غير كاملة.
٢. بسملة مذكور متعلقها.
٣. العلم قبل (ابن) منون.
٤. يوجد فاصل بين (ابن) وبين العلم قبلها.
٥. (ابن) ليست مفردة.
٦. (ابن) لا يتلوها علم.

زياد ابن أبيه	________	٦
باسم الله	________	١
فلنبدأ باسم الله الرحمن الرحيم	________	٢
خالد هو ابن الوليد	________	٤
هاني ووسام ابنا محمد	________	٥
محمدٌ ابن سليم	________	٣

(٢٤)

بيِّن فيما إذا كانت همزة الوصل (تحذف) أو (لا تحذف) من الكلمة التي بين قوسين في كل مما يلي:

معاويةُ + (ابن) + أبي سفيان =	________	تحذف
خديجةُ + (ابنة) + خويلد =	________	تحذف
الحسن والحسين + (ابنا) + علي =	________	لا تحذف
عائشة + (ابنة) + أبي بكر =	________	تحذف
زياد + (ابن)+ أبيه =	________	لا تحذف
عمرو + أعني + (ابن) + العاص =	________	لا تحذف
زينب + (ابنته) =	________	لا تحذف
أ + (ابنتك) + هذه؟ =	________	تحذف
أ + (اسمك) + علي ؟=	________	تحذف
بِـ + (اسم) + العزيز =	________	لا تحذف

بِ + (اسم) + الله =	―――――	لا تحذف
بِ + (اسم) + الله الرحمن الرحيم =	―――――	تحذف
لِ + (الكتاب + فائدة) =	―――――	تحذف
أ + (استغفرت) + لهم =	―――――	تحذف
بِ + (اسم) + الله الرحمن =	―――――	لا تحذف
بِ + (اسم) + الرحمن الرحيم =	―――――	لا تحذف
بِ + (اسم) + الوطن =	―――――	لا تحذف
لَ + (التقوى) + خير =	―――――	تحذف
علي + هو + (ابن) + أبي طالب =	―――――	لا تحذف
المعلم + (ابن) + المعلم =	―――――	لا تحذف

(٢٥)

أعد كتابة الوحدتين في وحدة واحدة حاذفاً ما يجب حذفه:

لِ + الوطن =	―――――	للوطن
لِ + وطن =	―――――	لوطن
يا + لَ + الرجال =	―――――	يا للرجال
يا + لَ + السماء =	―――――	يا للسماء
لَ + الآخرة + خير =	―――――	للآخرة خير
لِ + التربية =	―――――	للتربية

حذف الألف اللينة

(٢٦)

تحذف الألف اللينة من كلمة (الرحمن) المعرّفة. أما إذا كانت غير معرّفة، فإن الألف ――――― (تحذف/ لا تحذف)، مثل رحمان.   لا تحذف

(٢٧)

(الرحمن) تحذف منها ______ اللينة — الألف

(٢٨)

(لكنْ) تحذف منها الألف ______ وكذلك (لكن). — اللينة

(٢٩)

(لكنّ) تحذف منها ______ اللينة — الألف

(٣٠)

إذا اتصلت (أولاء) بالكاف، فتحذف منها ______ اللينة، إذ تصبح (أولئك). — الألف

(٣١)

الألف اللينة ______ (محذوفة/ غير محذوفة) من لفظ الجلالة (الله) ومن كلمة (إله). — محذوفة

(٣٢)

الألف اللينة ______ (محذوفة/ غير محذوفة) من (سموات). — محذوفة

(٣٣)

(طه) حذفت الألف ______ من وسطها ومن آخرها. — اللينة

(٣٤)

(إسحق) حذفت منها ______ اللينة — الألف

(٣٥)

تحذف الألف ______ من بعض الأعلام المشهورة التي تزيد عن ثلاثة أحرف، مثل طه وإسحق. — اللينة

(٣٦)

تحذف ألف (ها) حرف التنبيه إذا جاء بعدها اسم إشارة غير مبدوء بتاء أو هاء وليس متبوعاً بكاف، مثل هذا، هذه. كما ____ الألف إذا وقع بعد (ها) ضمير مبدوء بهمزة، مثل هأنا. — تحذف

(٣٧)

أعد كتابة كل مما يلي بعد دمج الوحدتين في وحدة واحدة:

ها + ذا =	______	هذا
ها + ذه =	______	هذه
ها + أولاد =	______	هؤلاء
ها + ذان =	______	هذان
ها + تي =	______	هاتي
ها + ته =	______	هاته
ها + تان =	______	هاتان
ها + تيك =	______	هاتيك
ها + أنا =	______	هأنا
ها + أنتم =	______	هأنتم
أل + رحمان =	______	الرحمن
أولاء + ك =	______	أولئك
سماء +ات =	______	سموات

(٣٨)

تحذف ألف (ذا) إذا جاءت بعدها اللام ______ (المكسورة/ المفتوحة) الدالة على البعد، مثل ذلك. — المكسورة

(٣٩)

(رحمان) لا تحذف ألفها لأنها لم تتصل بـ______ التعريف. — أل

(٤٠)

إذا اتصلت (الرحمن) بأل التعريف فإن ______ تحذف. — الألف

(٤١)

تحذف ألف (لكنْ) و (لكنَّ) سواء أكانت ______ مخففة أم مشددة. — النون

(٤٢)

(أولئك) حذفت الألف لأن (أولاء) اتصلت بـ______ — الكاف

(٤٣)

تحذف ______ من الكلمات (الله، إله، الإله) ولكنها لا تحذف من كلمة (الآلهة). — الألف

(٤٤)

حذفت الألف من (طه) و(إسحق) لأن كلاً منهما ______ مشهور يزيد عن ______ أحرف. — عَلَم، ثلاثة

(٤٥)

(هذا) حذفت ـــــــــ لاتصال (ها) مع (ذا). ألفها

(٤٦)

(هاتان) لم تحذف الألف منها لأن اسم ـــــــــ بعد (ها) مبدوء بحرف التاء. الإشارة

(٤٧)

(ها هنا) لم تحذف الألف منها لأن اسم الإشارة بعد (ها) مبدوء بحرف ـــــــــ الهاء

(٤٨)

(هأنتن) حذفت الألف منها لأن الضمير بعد (ها) مبدوء بحرف ـــــــــ الهمزة

(٤٩)

(ذا لَك) لم تحذف الألف منها لأن اللام بعد (ذا) مفتوحة ولا تدل على البعد.

(٥٠)

بين ماهية الحذف في كل مما يلي. اختر واحداً من الإجابات الآتية واكتب رقمها فقط:

١. همزة الوصل محذوفة.

٢. الألف اللينة محذوفة.

٣. لم يحذف أي حرف.

للمدرسة	ـــــــــ	١
رحمان	ـــــــــ	٣
لكنْ	ـــــــــ	٢

سموات ________ ٢

إسحق ________ ٢

هارون ________ ٣

هذَين ________ ٢

زهير بن كعب ________

(٥١)

تحذف ______ من آخر المضارع المجزوم، مثل لم يَرَ. — الألف

(٥٢)

(لم يَسْعَ) حذفت ألف (يسعى) لأنها مسبوقة بحرف ______ — جزم

(٥٣)

تحذف ______ (ما) الاستفهامية إذا كانت مسبوقة بحرف جر، مثل إلامَ؟ علامَ؟ أو مسبوقة بمضاف، مثل بمقتضامَ؟

(٥٤)

(طه) حذفت الألف من ______ ومن ______ — وسطها، آخرها

(٥٥)

ادمج هاتين الوحدتين في وحدة واحدة:

إلى + ما ؟ = ________ إلامَ

على + ما ؟ = ________ علامَ

بِـ + ما؟ = ________ بِمَ

في + ما ؟ = ________ فيمَ

حتى + ما ؟ = ________ حتّامَ

ذا + لِكَ = ________ ذلك

ذا + لِكم = ________ ذلكم

ذا + لكِنّ = ________ ذلكن

ها + أنتما = ________ هأنتما

ها + أنتم = ________ هأنتم

(٥٦)

تحذف ألف ________ الاستفهامية إذا سبقها حرف جر، مثل إلامَ؟ ما

(٥٧)

تحذف ألف ________ إذا تبعتها اللام المكسورة الدالة على البعد. ذا

(٥٨)

تحذف ألف ________ التنبيهية إذا تبعها ضمير أوله همزة أو بعض أسماء الإشارة. ها

(٥٩)

بين سبب حذف الألف اللينة في كل مما يلي. أختر أحد الأسباب الآتية واكتب رقمه فقط:

١. حالة خاصة بكلمة معينة.

٢. (ها) متبوعة باسم إشارة مستوفٍ الشروط.

٣. (ها) متبوعة بضمير أوله همزة.

٤. (ما) الاستفهامية مسبوقة بحرف جر.

٥. وجود حرف جزم.

٦. (ذا) متبوعة بلام مكسورة دالة على البعد.

إله ________ ١

طه ________ ١

لم يَنْأَ ________ ٥

ذلِك ________ ٦

هذان ________ ٢

لا تَنَمْ ________ ٥

هأنتم ________ ٣

علامَ؟ ________ ٤

ذلِكما ________ ٦

أولئك ________ ١

إسحق ________ ١

الله ________ ١

لِمَ؟ ________ ٤

إلاَمَ؟ ________ ٤

هأنذا ________ ٣

علامَ؟ ________ ٤

حذف أل:

(٦٠)

تحذف (ألْ) إذا سبقت بلام وتبعت بلام، مثل للهو التي هي لام الابتداء + أل + لهو. في هذه الحالة، تلتقي ________ (ثلاث/ أربع) لامات. ولهذا تحذف ________ وتبقى لام الابتداء واللام الأصلية. — ثلاث، أل

(٦١)

في (للحم) حذفت ________ التعريف. — أل

(٦٢)

في (للَذين) حذفت أل لأنها سبقت بحرف ________ — اللام

وتُبعت بحرف ______ اللام

(٦٣)

بيّن ماذا حذف من كل مما يلي:

إسحق	______	الألف اللينة
هذان	______	الألف اللينة
أسمك هذا؟	______	همزة الوصل
ذلك	______	الألف اللينة
هأنا	______	الألف اللينة
لِلائى	______	أل
لِلاتي	______	أل
لِلذين	______	أل

ادغام التاء:

(٦٤)

إذا انتهى فعل بتاء أصلية ثم زدنا تاء الفاعل، تدغم التاء الأولى بالتاء ______ مثل بِتُّ، فتُّ، سكتُّ، سكتَّ، سكتِّ. الثانية

(٦٥)

ادمج الوحدتين في وحدة واحدة مع شكل الحرف الأخير:

سَكَتَ + تُ =	______	سكتُّ
لَفَتَ + تَ =	______	لفتَّ
باتَ + تُ =	______	بِتُّ
خَفَتَ + تَ =	______	خفتَّ
بَهَتَ + تِ =	______	بهتِّ

ادغام الميم:

(٦٦)

إذا جاءت (ما) بعد (نِعْمَ) فقد تدغم الميمان في ـــــــــ واحدة، فتصبحان (نِعِمَّا) — ميم

ادغام النون:

(٦٧)

تقلب نون (عَنْ) أو نون (مِنْ) إلى ميم إذا دخلتا على (مَنْ) أو (ما) الاستفهامية. وتدغم ـــــــــ في ميم واحدة، مثل عَمَّا، عَمَّن، مِمَّا، مِمَّن. — الميمان

(٦٨)

(عن + ما) تصبح ـــــــــ . — عَمَّا

(٦٩)

(عن + مَنْ) تصبح ـــــــــ — عَمَّنْ

(٧٠)

(مِنْ + ما) تصبح ـــــــــ — مِمَّا

(٧١)

(مِنْ + مَنْ) تصبح ـــــــــ . — مِمَّنْ

(٧٢)

(عَمَّا) أساساً هي ـــــــــ + ما. — عَنْ

(٧٣)

(مِمَّا) أساساً هي ـــــــــ + ما. — مِنْ

(٧٤)

(عَمَّن) أساسً هي ______ + مَنْ — عَنْ

(٧٥)

(مِمَّن) أساساً هي ______ + مَنْ. — مِنْ

(٧٦)

(عَمَّا) أساساً هي عن + ______ — ما

(٧٧)

(مِمَّا) أساساً هي مِنْ + ______ — ما

(٧٨)

(عَمَّن) أساساً هي عن + ______ — مَنْ

(٧٩)

(مِمَّن) أساساً هي مِنْ + ______ — مَنْ

(٨٠)

في (مِمَّن) قلبت ______ إلى ميمي ثم أدغمت اليميم بِـ ______ — النون، الميم

(٨١)

في (مِمَّا) قلبت النون إلى ______ ثم أدغمت ______ — ميم، الميمان

(٨٢)

إذا جاءت بعد (إنْ) الشرطية (ما) الزائدة، تقلب ______ إلى ميم وتدغم الميمان، هكذا إمَّا. — النون

(٨٣)

إذا جاءت بعد (إنْ) الشرطية لا النافية، ت قلب النون إلى ـــــــ وتدغم اللامان، هكذا إلاَّ. لام

(٨٤)

(إنْ + ما الزائدة) تصبح ـــــــ حيث تقلب النون إلى ـــــــ إمَا ميم

(٨٥)

(إنْ + لا النافية) تصبح ـــــــ حيث تقلب النون إلى ـــــــ إلاَّ لام

(٨٦)

(إمَّا) فيها ـــــــ مشددة. ميم

(٨٧)

(إلاَّ) فيها ـــــــ مشددة. لام

(٨٨)

إذا جاءت لا النافية بعد أنْ المصدرية، تقلب النون إلى ـــــــ وتدغم اللامان، هكذا ألاَّ. لام

(٨٩)

(أنْ المصدرية + لا النافية) تصبح ـــــــ ألاَّ

تمارين متنوعة

(١٠٠)

بيِّن فيما إذا حدث حذف أو إدغام في كل مما يلي:

إمَّا	________	إدغام
إلاَّ	________	إدغام
هذه	________	حذف
نِعِمَّا	________	إدغام
إلاَّ	________	إدغام
ذلك	________	حذف

(١٠١)

ما هو أصل كلٍّ مما يلي؟ اكتب مع الشكل:

عَمَّا:	________	عَنْ + مَنْ
إمَّا:	________	إنْ + مَا
إلاَّ:	________	إنْ + لا
ألاَّ:	________	أنْ + لا
مِمَّن:	________	مِنْ + مَنْ
نِعِمَّا:	________	نِعْمَ + ما
لَلاتي:	________	لَ + اللاتي
لِلتي:	________	لِ + التي
مِمَّا:	________	مِنْ + ما
سكتُّ	________	سكتَ + تُ
إلامَ؟:	________	إلى + ما

(١٠٢)

بيِّن ماذا حدث في كل مما يلي مختاراً إحدى الإجابات الآتية ثم اكتب رقمها فقط:

١. حذفت همزة الوصل.

٢. حذفت الألف اللينة.

٣. حذفت أل.

٤. أدغمت التاء بالتاء.

٥. أدغمت الميمي بالميم.

٦. قلبت النون وأدغمت بما بعدها.

ألاَّ	________	٦
نِعمَّا	________	٥
علامَ؟	________	٢
للّوز	________	٣
سكتُّ	________	٤
الرحمن	________	٢
للبيت	________	١
للسماء	________	١
لِلَّوح	________	٣
مِمَّن	________	٦
ذلكم	________	٢
لَلاّتي	________	٣
للتاريخ	________	١
عَمَّا	________	٦

ادمج كل وحدتين مما يلي في وحدة واحدة:

أَنْ (المصدرية) + (النافية)	________	ألاَّ
إنْ (الشرطية) + ما (الزائدة):	________	إمَّا
إنْ (الشرطية) + لا (النافية):	________	إلاَّ
عن + مَنْ:	________	عَمَّن
عن + ما :	________	عَمَّا
من + من	________	مِمَّن
مِنْ + ما:	________	مِمَّا
نعم + ما :	________	نِعِمَّا

الإجابة		المسألة
لفتُّ	_____	لَفَتَ + تُ:
لفتَّ	_____	لَفَتَ + تَ:
لفتِّ	_____	لَفَتَ + ت:
للذي	_____	لَ + الذي:
للتي	_____	لَ + التي :
للذين	_____	لَ + الذين:
للاتي	_____	لَ + اللاتي:
للائي	_____	لَ + اللائي:
للذي	_____	لِ + الذي:
للذين	_____	لِ + الذين:
للهو	_____	لِ + اللهو
للبيع	_____	لِ + البيع:
للرجل	_____	لِ + الرجل:
للحم	_____	لِ + اللحم:
للوز	_____	لِ + اللوز:

(١٠٤)

بيّن المحذوف من كل مما يلي. اختر واحداً من المحذوفات الآتية

واكتب الرقم فقط:

١. همزة الوصل

٢. الألف اللينة.

٣. أل

٤. لم يحذف شيء

الرقم		الكلمة
٤	_____	يا هذا
٢	_____	هأنذا
٢	_____	اللهم
٤	_____	هاتيك
٤	_____	باسْمك

١٦٧

إله	________	٢
فيمَ	________	٢
للعلم	________	١
لِلَّون	________	٣
ها هنا	________	٤
لِمَ	________	٢
للكتاب	________	١
هارون	________	٤
هؤلاء	________	٢

الاختبار السادس

ضع (صواب) أو (خطأ) بعد كل جملة مما يلي. وبعد الإجابة عن جميع البنود، قارن إجاباتـك بالإجابات الصحيحة في ملحق (٦) في نهاية الكتاب:

١. تحذف همزة (ابن) وهمزة (ابنة) بعد همزة الاستفهام ______

٢. تحذف همزة (اسم) إذا وقعت بعد باء القسم وجاء بعدها لفظ الجلالة (الله) ______

٣. المحذوف من (للكافرين) هو أل التعريف ______

٤. لا تحذف الهمزة من (ابن) إذا كانت مثناة ______

٥. تحذف الألف من (الرحمن) إذا كانت معرفة بأل التعريف ولا تحذف منها إذا كانت نكرة ______

٦. (لكن) تحذف منها الألف اللينة وجوباً ______

٧. إذا كانت نهاية الفعل تاء أصلية وأضفنا تاء الفاعل بعدها، تدغم التاء بالتاء على شكل تاء مشددة ______

٨. في (عَمّا) قلبت النون إلى ميم ______

٩. المحذوف من (للمكتبة) هو همزة الوصل ______

١٠. (ألاّ) هي أساساً أن المصدرية ولا الناهية ______

الفصل السابع

الحروف الزائدة

(١)

تزاد الألف بعد واو الجماعة التي تلحق ـــــــ (الفعل/ الاسم)، مثل جلسوا، ذهبوا، وصلوا.

الفعل

(٢)

الألف في (جلسوا) ـــــــ (تكتب/ لا تكتب) ولا تلفظ.

تكتب

(٣)

في (زيدٌ يدعو) لا تزاد ألف بعد الواو، لأن الواو واو ـــــــ (الجماعة/ أصلية).

أصلية

(٤)

في (معلمو المدرسة) لا تزاد ألف بعد الواو، لأن الواو هنا علامة الرفع في جمع المذكر السالم وليست واو ـــــــ التي تلحق الفعل.

الجماعة

(٥)

بعد الواو في (يدنو) ـــــــ (تزاد/ لا تزاد) ألف لأن الواو أصلية وليست واو الجماعة. لا تزاد

(٦)

بيّن نوع الواو في كل مما يلي. اختر أحد الأنواع الآتية واكتب الرقم فقط:

١. واو الجماعة.

٢. واو أصلية في الفعل.

٣. الواو التي هي علامة رفع جمع المذكر السالم.

دنوا	ـــــــ	١
مشوا	ـــــــ	١
يسمو	ـــــــ	٢
يدنو	ـــــــ	٢
سموا	ـــــــ	١
علوا	ـــــــ	١
مهندسو	ـــــــ	٣
معلمو	ـــــــ	٣
علموا	ـــــــ	١
لاعبو	ـــــــ	١
لعبوا	ـــــــ	٣
يهفو	ـــــــ	١
يخبو	ـــــــ	٢

(٧)

أضف واو الجماعة إلى كل فعل مما يلي؛اكتب الجواب في الفراغ المحاذي:

رنا	————	رنوا
سعى	————	سعوا
بكى	————	بكوا
ابتغى	————	ابتغوا
لعب	————	لعبوا
جلس	————	جلسوا
تعب	————	تعبوا
اجتهد	————	اجتهدوا

(٨)

في كل من إجابات الإطار السابق، توجد ———— مزيدة بعد واو ———— ألف الجماعة

————

(٩)

أضف واو الجماعة إلى كل مما يلي؛ أعد كتابة الفعل في الفراغ المحاذي:

لم يرنْ	————	يرنوا
لم يمشِ	————	يمشوا
لم يجلسْ	————	يجلسوا
لم يجتهد	————	يجتهدوا
لم يَنَمْ	————	يناموا
لم يدرسْ	————	يدرسوا

(١٠)

في كل من إجابات الإطار السابق، توجد ———— تكتب ولا تلفظ ———— ألف
زيدت بعد ———— الجماعة المتصلة بالفعل. ———— واو

(١١)

اشتق المضارع من كل فعل مما يلي:

دنا	________	يدنو
لها	________	يلهو
سما	________	يسمو
دعا	________	يدعو
رنا	________	يرنو
سها	________	يسهو
سلا	________	يسلو
كبا	________	يكبو
ربا	________	يربو
زكا	________	يزكو
زها	________	يزهو
بدا	________	يبدو

(١٢)

في كل من إجابات الإطار السابق، لم تُزد ألف بعد الواو لأن الواو ليست ________ ________ بل هي أصلية في الفعل ذاته. — واو الجماعة

(١٣)

اجمع الكلمة الأولى جمع مذكر سالم واكتبها في الفراغ المحاذي:

منسوب الجامعة:	________	منسوبو
معلّم المدرسة:	________	معلمو
كاتب العدل:	________	كاتبو
ذو إنصاف:	________	ذوو

قارئ الكتاب: ________ قارئو

ناشر العلم: ________ ناشرو

مسلم اليوم: ________ مسلمو

ساكن الخيمة: ________ ساكنو

(١٤)

في كل من إجابات الإطار السابق، لم تزد ألف بعد الواو لأن الواو علامة ______ في جمع ______ السالم. — الرفع، المذكر

(١٥)

تزاد ______ أيضاً في آخر الاسم المنصوب المنوّن، مثل دوراً. — الألف

(١٦)

في (دوراً) حرف ______ يكتب ولا يلفظ. — الألف

(١٧)

في (بيتاً) حرف الألف زيد في آخر ______ (الاسم/الفعل) المنصوب المنون. — الاسم

(١٨)

في (كتاباً) ألف مزيدة في الآخر ______ ولا تلفظ. — تكتب

(١٩)

في (منزلاً) ألف مزيدة في الآخر لأن الاسم منصوب ______ — منوّن

(٢٠)

في (جهازاً) ألف مزيدة في الآخر لأن الاسم ______ منون. منصوب

(٢١)

إذا كان الاسم مرفوعاً منوناً أو مجروراً منوناً فإننا ______ (نزيد/ لا نزيد) إليه أي حرف، مثل كتابٌ، كتابٍ. لا نزيد

(٢٢)

اجعل كلاً مما يلي مرفوعاً منوناً، أعد الكتابة في الفراغ المحاذي:

رجل	______	رجلٌ
ولد	______	ولدٌ
بيت	______	بيتٌ
مسجد	______	مسجدٌ
شارع	______	شارعٌ
طريق	______	طريقٌ
قلم	______	قلمٌ
معلم	______	معلمٌ
مدير	______	مديرٌ
اختبار	______	اختبارٌ
متكلم	______	متكلمٌ
سامع	______	سامعٌ
مستمع	______	مستمعٌ

(٢٣)

في كل إجابة في الإطار السابق، أضفنا تنوين الرفع دون

إضافة ألف لأن الألف تضاف فقط في حالة تنوين ———— النصب

(٢٤)

اجعل كلاً مما يلي مجروراً منوناً؛ أعد كتابة الكلمة في الفراغ المحاذي:

صغير	————	صغير
كبير	————	كبير
طويل	————	طويل
قصير	————	قصير
بارد	————	بارد
ساخن	————	ساخن
سليم	————	سليم
عبير	————	عبير
جريح	————	جريح

(٢٥)

في كل من إجابات الإطار السابق، لم يزد مع التنوين أي حرف، لأن ———— تزاد مع تنوين النصب فقط وبشروط. الألف

(٢٦)

تزاد الألف في آخر الاسم المنصوب المنون ———— (بشروط/ بلا شروط) بشروط

(٢٧)

إذا كان آخر الاسم المنصوب المنون تاء تأنيث ———— (مفتوحة/مربوطة) فلا تزاد الألف، مثل مدرسة مربوطة

(٢٨)

اجعل كلاً مما يلي منصوباً منوناً؛ امكتب الجواب في الفراغ المحاذي:

زاهد	________	زاهداً
بشير	________	بشيراً
كريم	________	كريماً
خبير	________	خبيراً
لطيف	________	لطيفاً
بصير	________	بصيراً
سميع	________	سميعاً
مجيب	________	مجيباً
مدير	________	مديراً
عميد	________	عميداً
رئيس	________	رئيساً

(٢٩)

في كل من إجابات الإطار السابق، زيدت ________ لأن الاسم ________ ومنون.

الألف

منصوب

(٣٠)

اجعل كلاً مما يلي منصوباً منوناً؛ اكتب الجواب في الفراغ المحاذي

مدرسة	________	مدرسةً
معلمة	________	معلمةً
مديرة	________	مديرةً
كاتبة	________	كاتبةً
شاعرة	________	شاعرةً

مؤلفة	______	مؤلفةً
عالمة	______	عالمةً
مدّرسة	______	مدّرسةً
طالبة	______	طالبةً
تلميذة	______	تلميذةً
مؤمنة	______	مؤمنةً
مسلمة	______	مسلمةً
صائمة	______	صائمةً
قانتة	______	قانتةً
خاشعة	______	خاشعةً
صابرة	______	صابرةً
مخلصة	______	مخلصةً

(٣١)

في إجابات الإطار السابق، رغم أن الاسم منصوب منون، لم تزد الألف لأن الاسم آخره ______ التأنيث المربوطة. — تاء

(٣٢)

إذا كان الاسم ينتهي بتاء تأنيث مربوطة وجاءه تنوين نصب، ______ (تزاد/ لا تزاد) عليه ألف. — لا تزاد

٣٣)

الاسم المرفوع المنون لا تزاد عليه حروف بسبب تنوينه. وهذه قاعدة تنطبق ______ (دائماً/ غالباً). — دائماً

(٣٤)

الاسم المجرور المنون لا تزاد عليه حروف بسبب تنوينه وهذه قاعدة تنطبق ______ (دائماً/ غالباً). — دائماً

(٣٥)

الاسم المنصوب المنون تزاد عليه الألف ______ (دائماً/ غالباً) — غالباً

(٣٦)

إذا انتهى الاسم المنصوب المنون بهمزة فوق ألف، ______ (تزاد/ لا تزاد) عليه الألف لأنه ينتهي بألف أساساً، مثل مخبأ. — لا تزاد

مخبأ	______	مخبأً
ملجأ	______	ملجأً
نبأ	______	نبأً
منشأ	______	منشأً
خطأ	______	خطأً
مبدأ	______	مبدأً
مرفأ	______	مرفأً

(٣٨)

في كل إجابة في الإطار السابق، لم نزد ألفاً مع تنوين النصب لأن الاسم ينتهي بـ ______ مكتوبة على ______ — همزة / ألف

(٣٩)

إذا انتهى الاسم بهمزة قبلها ألف، ______ (نزيد/ لا نزيد) ألفاً مع تنوين النصب، مثل سماءً؟ — لا نزيد

(٤٠)

في (دعاءً) لا نزيد مع تنوين النصب ألفاً لأن الاسم هنا ينتهي بحرف ______ المسبوقة بحرف ______ — الهمزة، الألف

(٤١)

أضف تنوين نصب إلى كل مما يلي؛ اكتب الجواب في الفراغ المحاذي:

نداء	______	نداءً
سماء	______	سماءً
دعاء	______	دعاءً
لواء	______	لواءً
سخاء	______	سخاءً
رخاء	______	رخاءً
فداء	______	فداءً
رداء	______	رداءً
بكاء	______	بكاءً
فناء	______	فناءً

(٤٢)

في كل إجابة في الإطار السابق، لم نزد ألفاً مع تنوين النصب لأن الاسم ينتهي بهمزة ______ (قبلها / بعدها) ألف. — قبلها

(٤٣)

بين سبب عدم زيادة الألف في آخر كل مما يلي. اختر واحداً من الأسباب الآتية واكتب رقمه فقط:

١. الاسم ينتهي بتاء التأنيث المربوطة.

٢. الاسم ينتهي بهمزة على ألف.

٣. الاسم ينتهي بهمزة قبلها ألف.

قرّاءً	______	٣
كساءً	______	٣
مؤدبةً	______	١
ابتداءً	______	٣
صابرةً	______	١
مَلأً	______	٢
مرفأً	______	٢
عاقلةً	______	١
هناءً	______	٣
بالغةً	______	١
مبدأً	______	٢
مبتدأً	______	٢
مدركةً	______	١
وفاءً	______	٣
ملجأً	______	٢
وفيةً	______	١
مرفأً	______	٢
ذكاءً	______	٣
منشأً	______	٢
بناءً	______	٣

(٤٤)

(بناءً) لم نزد مع تنوين النصب فيها ألفاً لأن الكلمة تنتهي بهمزة ألف
قبلها ______

(٤٥)

الاسم المنصوب المنون تزاد عليه ألف إلاّ إذا انتهى بـ ______	تاء، ألف
مربوطة أو انتهى بهمزة مكتوبة على ______ أو انتهة بهمزة قبلها ______	ألف

(٤٦)

حوِّل كلاً مما يلي إلى منصوب منون؛ اكتب الجواب في الفراغ المحاذي:

سعيد	______	سعيداً
بناء	______	بناءً
رمز	______	رمزاً
عبء	______	عبئاً
رديء	______	رديئاً
كاتبة	______	كاتبةً
مليء	______	مليئاً
تواطؤ	______	تواطؤاً
لؤلؤ	______	لؤلؤاً
مُبدئ	______	مُبدئاً
مُنشئ	______	مُنشئاً
مَنشأ	______	مَنشأً
سناء	______	سناءً
رواء	______	رواءً
بهاء	______	بهاءً
سوء	______	سوءاً
ضوء	______	ضوءاً
رؤوف	______	رؤوفاً
رأس	______	رأساً

سقف	______	سقفاً
قارئ	______	قارئاً
بدء	______	بدءاً
أحياء	______	أحياءً
رزء	______	رزءاً
كفء	______	كفئاً
هواء	______	هواءً
دواء	______	دواءً
دفء	______	دفئاً
سمكة	______	سمكةً
منجرة	______	منجرةً
منشرة	______	منشرةً
ذروة	______	ذروةً
ضياء	______	ضياءً
بطء	______	بطئاً
لجوء	______	لجوءاً
نتوء	______	نتوءاً
وضوء	______	وضوءاً
مجيء	______	مجيئاً
بريء	______	بريئاً
لقاء	______	لقاءً
جزء	______	جزءاً
غذاء	______	غذاءً
قروء	______	قروءاً
صبر	______	صبراً
شيء	______	شيئاً
كفء	______	كفئاً
عداء	______	عداءً

قاضي	ــــــــــ	قاضياً
ساعي	ــــــــــ	ساعياً
ضوء	ــــــــــ	ضوءاً
ضياء	ــــــــــ	ضياءً
أضواء	ــــــــــ	أضواءً
خطأ	ــــــــــ	خطأً
بريق	ــــــــــ	بريقاً
نائمة	ــــــــــ	نائمةً

(٤٧)

تزاد الألف التي تكتب ولا تلفظ بعد واو ــــــــ المتصلة بالفعل — الجماعة

وفي آخر الاسم ــــــــ ــــــــ بشروط. — المنصوب المنون

(٤٨)

بيّن نوع الألف في نهاية كل مما يلي. اختر واحداً من الأنواع الآتية واكتب الرقم فقط:

١. ألف الاثنين المتصلة بالفعل.

٢. ألف التثنية المتصلة بالاسم المثنى.

٣. ألف مزيدة بعد واو الجماعة.

٤. ألف مزيدة مع تنوين النصب.

سميعاً	ــــــــــ	٤
سمعوا	ــــــــــ	٣
ذهبا	ــــــــــ	١
ابنا (زيدٍ)	ــــــــــ	٢
معلما (المدرسة)	ــــــــــ	٢
معلماً	ــــــــــ	٤
علموا	ــــــــــ	٣
جاءا	ــــــــــ	

كتبوا	________	٣
كتاباً	________	٤
كتابا (زيدٍ)	________	٢

(٤٩)

بين فيما إذا كانت الألف في نهاية كل مما يلي (تلفظ) أو (لا تلفظ)
مع العلم أنها تكتب في كلتا الحالتين:

جلسا	________	تلفظ
جلسوا	________	لا تلفظ
كاتِبا	________	تلفظ
زيداً	________	لا تلفظ
رسما	________	تلفظ
رسماً	________	لا تلفظ
رسموا	________	لا تلفظ
رسميّاً	________	لا تلفظ
ذكيّاً	________	لا تلفظ
رساماً	________	تلفظ
سميراً	________	لا تلفظ
ناموا	________	لا تلفظ
ناما	________	تلفظ
نوماً	________	لا تلفظ

(٥٠)

إذا كانت الألف زائدة فهي تكتب ولا ـــــ مثل ذهبوا. تلفظ

(٥١)

ألف الاثنين تكتب وـــــــــ مثل ذهب. تلفظ

(٥٢)

ألف التثنية تكتب و ـــــــــ مثل كاتبا الشركة. تلفظ

الواو الزائدة:

(٥٣)

تزاد الواو في وسط الكلمات أولَى، أولئك، أولاء، أولو، أولي، أولات. في كل من هذه الكلمات، تكتب ـــــــــ ولا تلفظ. الواو

(٥٤)

(أولَى، أولئك، أولاء) في كل منها واو ـــــــــ (زائدة/ أصلية) وجميعها أسماء إشارة. زائدة

(٥٥)

(الأُلى) اسم موصول وليست اسم ـــــــــ ولذلك، ليست فيها واو زائدة. إشارة

(٥٦)

(أولو) فيها ـــــــــ نكتب ولكنها لا ـــــــــ ومعناها (أصحاب)، مثل قولنا أولو قوة، أو قولنا أولو الألباب. واو، تلفظ

(٥٧)

(أولو) ملحقة بجمع ـــــــــ السلم وكذلك (أولي) المذكر

(٥٨)

(أولي) فيها واو ———— وهي ملحقة بجمع المذكر السالم والياء

فيها علامة النصب أو الجر.

زائدة

(٥٩)

(أولات) فيها ———— زائدة وتعني (صاحبات). وهي ملحقة

بجمع ———— السالم.

واو

المؤنث

(٦٠)

(عمْرو) في آخرها واو ———— لتفريقها عن (عُمَر). وتزاد هذه

الواو حين تكون (عمرو) مرفوعة أو مجرورة.

زائدة

(٦١)

إذا كانت (عَمراً) منصوبة منونة فإن الواو ———— (تزاد/ لا تزاد)

لأن الألف المنونة تميزها عن (عُمَرَ) التي لا تنون في حالة النصب.

لا تزاد

(٦٢)

إذا كانت (عَمرو) منصوبة غير منونة ———— (تزاد / لا تزاد)

الواو بشرط أن تكون (عمرو) متبوعة بكلمة (ابن)، مثل عمرو بن هند.

تزاد

(٦٣)

بيِّن سبب زيادة الواو في كل من حالات (عَمْرو) التالية اختر أحد

الأسباب واكتب الرقم فقط:

١. (عَمْرو) مرفوعة.

٢.(عمرو) مجرورة.

٣. (عمرو) منصوبة غير منونة متبوعة بكلمة (ابن)

جاء عمرو	________	١
إن عمرو بن كلثوم من أصحاب المعلقات	________	٣
مررت بعمرو	________	٢

الاختبار السابع

أضف الكلمة المحذوفة، ثم قارن إجاباتك بالإجابات الصحيحة في ملحق (٧) في نهاية الكتاب:

١. في (ذهبوا)، حرف _____ _____ يكتب ولا يلفظ.

٢. في (قعدوا)، توجد ألف زائدة أضيفت بعد _____ _____ _____

٣. (يدنو) لم تضف ألف بعد الواو الأخيرة فيها لأن واوها _____ _____

٤. (مهندسو) لم تضف ألف في آخرها لأن الواو هنا واو جمع _____ _____ _____

٥. (دوراً) فيها _____ _____ زائدة تكتب ولا تلفظ.

٦. (ولداً) فيها ألف زائدة سبب وجودها أن الاسم _____ _____ _____

٧. (سماءً) منصوبة منونة ولكن لا توجد في آخرها ألف زائدة لأن الكلمة تنتهي بحرف _____ المسبوقة بحرف _____

٨. (خطأً) منصوبة منونة ولكن لا توجد في آخرها ألف زائدة لأن الكلمة تنتهي بحرف _____ المكتوبة على _____

٩. (مدرسةً) منصوبة منونة ولكن لم نضف إليها ألفاً زائدة لأنها تنتهي بالتاء _____

١٠. (أولو) فيها _____ _____ زائدة في وسطها.

الفصل الثامن

وصل الكلمات

(١)

إذا أضيف الظرف إلى (إذ) المنونة، فإنهما ———— (يوصلان/
يفصلان)، مثل حينئذ، وتنوين (إذ) عوض عن جملة.

يوصلان

(٢)

إذا أضيف الظرف إلى (ذا) غير المنونة، فإنهما (يوصلان/ يفصلان)،
مثل جاء حين إذ ناديته.

يفصلان

(٣)

الأصل في كلمة كلمة أن تكتب ———— (منفصلة / متصلة) عمّا
قبلها وبعدها.

منفصلة

(٤)

الاسمان المركبات تركيباً مزجيا ———— (يوصلان/ يفصلان)، مثل
بعلبك، معديكرب.

يوصلان

(٥)

(بعلبك) فيها وصل لأن الاسمين مركبان تركيبا ————

مزجياً

(٦)

(وقتئذ) كلمتان متصلتان لأن (إذ) ______ و(وقت) ظرف ______ منونة

مضاف

(٧)

(يومئذ) كلمتان متصلتان لأن (يوم) ______ أضف إلى (إذ) ______ ظرف

المنونة

(٨)

توصل (ما) اسم الموصول مع كل من الكلمات الآتية: مِنْ، عن، في، سيّ. سيّما

فتصبح الكلمات كالآتي: مما، عما، فيما ______

(٩)

(مما) هي من + ______ ما

(١٠)

(عمّا) هب ______ + ما عن

(١١)

(فيما) هي في + ______ ما

(١٢)

سيّما هي ______ + ما. سيَّ

(١٣)

توصل (ما) الاستفهامية مع بعض حروف الجر مع حذف ______ (ما)، مثل إلامَ، علامَ، فيمَ، لِم، بمَ. ألف

(١٤)

مكسورة — توصل (ما) النكرة الموصوفة بـ (نِعِمَ) إذا كانت عينها مكسورة، هكذا نِعِمَّا تفعلون. وإذا كانت العين غير ______ فلا وصل، هكذا نِعْم ما تفعلون.

(١٥)

مكسورة — توصل (ما) بـ (نعم) بشرط أن تكون العين في (نعم) ______

(١٦)

الاستفهامية — (ما) في (إلامَ) هي (ما) ______

(١٧)

موصول — (ما) في (عمّا) هي اسم ______ .

(١٨)

نكرة — ما في (نعمّا) هي ______ موصوفة.

(١٩)

جلّما — توصل (ما) الكافة عن العمل بالكلمات طال وقل وجل، هكذا طالما، قلما ______

(٢٠)

الكافة — (ما) في (طالما) هي ______ عن العمل.

(٢١)

ربما — توصل (ما) الكافة عن العمل بكلمة (رُبَّ)، هكذا ______ .

(٢٢)

(ما) في (ربما) هي الكافة عن ــــــــــــــ العمل

(٢٣)

توصل (ما) الكافة عن العمل بالظروف حين وبين، هكذا حينما و بينما

ـــــــــــــ

(٢٤)

اكتب (توصل) إذا الوصل واجباً، واكتب (لا توصل) إذا كان الفصل

واجباً في كل حالة مما يلي:

يوم + إذ:	ـــــــــــــ	توصل
يوم + إذْ:	ـــــــــــــ	لا توصل
عَنْ + ما (اسم موصول):	ـــــــــــــ	توصل
إلى + ما (الاستفهامية):	ـــــــــــــ	توصل
نِعْمَ + ما :	ـــــــــــــ	توصل
قَلَّ + ما (الكافة):	ـــــــــــــ	توصل
رُبَّ + ما (الكافة) :	ـــــــــــــ	توصل
حين + ما (الكافة) :	ـــــــــــــ	توصل

(٢٥)

أعد كتابة كل مما يلي بالوصل أو الفصل حسبما يلزم:

وقت + إذْ :	ـــــــــــــ	وقت إذ
وقت + إذٍ:	ـــــــــــــ	وقتئذٍ
في + ما (اسم موصول):	ـــــــــــــ	فيما
في + ما (اسم استفهام):	ـــــــــــــ	فيم
عن + ما (اسم موصول):	ـــــــــــــ	عمّا
طال + ما (الكافة) :	ـــــــــــــ	طالما
بين + ما (الكافة) :	ـــــــــــــ	بينما

حين + ما (الكافة): ________ حينما

(٢٦)

توصل (ما) الزائدة بعن ومن مع قلب النون إلى ________ ميم
وإدغامها معها، هكذا عمّا قليلٍ.

(٢٧)

توصل ________ الزائدة بأداة الشرط قبلها وبكلمة كي، هكذا أينما، ما
إمّا، كيما.

(٢٨)

(كل) الظرفية توصل بِـ ________ المصدرية، هكذا وريث، هكذا ما المصدرية
كما، مثلما، ريثما.

(٢٩)

أعد كتابة كل مما يلي مع الوصل أو الفصل حسبما يلزم:

كي + ما (الزائدة) : ________ كيما

أين (الشرطية) + ما (الزائدة): ________ أينما

كل + ما (المصدرية): ________ كلما

كل + ما (اسم موصول): ________ كل ما

أين + ما (اسم موصول): ________ أين ما

ك + ما (المصدرية): ________ كما

مثل + ما (المصدرية): ________ مثلما

ريث + ما (المصدرية) ________ ريثما

مِن + مَن : ________ ممن

عن + مَنْ : ________ عمّن

في + مَن (الاستفهامية): ________ فيمن

إنْ + لا (النافية) : ـ ________ إلاَّ

(٣٠)

توصل (في) بِـ (مَن) ________ (الاستفهامية/ الشرطية)، هكذا فيمن: الاستفهامية

(٣١)

توصل (إنْ) الشرطية بِـ (لا) ________ هكذا إلاَّ تدرس تفشل. النافية

(٣٢)

توصل (أنْ) المصدرية ________ بـ (إلا) ________ هكذا ألاَّ. الناصبة، النافية

(٣٣)

توصل لام التعليل بِـ (ألاَّ)، هكذا ________ . لِئلاّ

(٣٤)

(لِئلاّ) هي أساساً لام ________ و(أنْ) ولا. التعليل

(٣٥)

توصل الضمائر المتصلة بما ________ (قبلها / بعدها) مثل ذهبتُ. قبلها

(٣٦)

توصل ____ التأنيث بالفعل الماضي الذي قبلها، مثل ذهبَتْ. تاء

(٣٧)

توصل حروف المعاني المكونة من حرف واحد بما

______ (قبلها/بعدها)، مثل فاء العطف، تاء القسم، باء الجر، لام التوكيد، لام الابتداء، السين، كاف التشبيه. بعدها

(٣٨)

توصل هاء ______ باسم الإشارة بعدها، مثل هذا. التنبيه

(٣٩)

في (بالأمس) اتصلت (الياء) بما بعدها لأنها من حروف ______ المكونة من ______ واحد. المعاني، حرف

(٤٠)

بيِّن نوع (ما) في كل مما يلي؛ اختر واحداً من الأنواع الآتية واكتب الرقم فقط:

١. اسم موصول.
٢. اسم استفهام.
٣. نكرة موصوفة بمعنى شيء.
٤. كافة عن العمل.
٥. زائدة
٦. مصدرية

فيما ______ ١

فيمَ ______ ٢

إلامَ ______ ٢

قلّمل ______ ٤

ربّما ______ ٤

سيّما ______ ١

طالما ______ ٤

نِعِمّا ______ ٣

حينما	______	٤
عَمَّا	______	١
علامَ	______	٢
بينما	______	٤
كلما	______	٦
كيما	______	٥
ريثما	______	٦
مثلما	______	٦
أينما	______	٥
كما	______	٦

(٤١)

ادمج كل وحدتين مما يلي في وحدة واحدة:

عند + إذٍ :	______	عندئذٍ
يوم + إذٍ:	______	يومئذٍ
وقت + إذٍ:	______	وقتئذٍ
عن + ما:	______	عمَّا
من + ما :	______	مما
في + ما:	______	فيما
سيّ + ما :	______	سيّما
إلى + ما ؟:	______	إلامَ
على + ما ؟:	______	علامَ
في + ما ؟ :	______	فيمَ
لِ + ما ؟ :	______	لِمَ
بِـ + ما ؟ :	______	بِمَ
نعم + ما :	______	نِعِمَّا
طال + ما :	______	طالما
قلّ + ما :	______	قلما

جلّ + ما : ________ جلما

ربّ + ما : ________ ربما

حين + ما : ________ حينما

بين + ما : ________ بينما

كلّ + ما : ________ كلما

أين + ما : ________ أينما

ك + ما : ________ كما

مثل + ما : ________ مثلما

ريث + ما : ________ ريثما

مِنْ + مَن : ________ ممّن

إنْ + لا : ________ إلاّ

أَنْ + لا : ________ ألاّ

لِ + ألاّ : ________ لئلا

س + أقابله : ________ سأقابله

ها + ذا : ________ هذا

ت + الله : ________ تالله

(٤٢)

بين سبب عدم وصل (ما) بما قبلها في كل مما يلي. اختر أحد الأسباب الآتية واكتب رقمه فقط:

١. (ما) ليست استفهامية.

٢. (ما) ليست كافة عن العمل.

٣. (ما) ليست مصدرية.

قلَّ ما معه من المال. ________ ٢

أوصله إلى ما تريد ________ ١

خسر كل ما يملك ________ ٣

الاختبار الثامن

صلّ ما يجب وصله في كل مما يلي. وإذا كان الفصل واجباً، فأعد كتابة الكلمتين كما هما دون تعديل:

١. وقت + إذ : ________

٢. مِنْ + ما ؟ : ________

٣. مِنْ + مَن ؟ : ________

٤. إنْ + لاَ (النافية) : ________

٥. كي + ما (الزائدة):

٦. لِ + أنْ + لا : ________

٧. كل + ما (غير المصدرية): ________

٨. كِ + ما (غير المصدرية): ________

٩. لَ + أنت : ________

١٠. ها + ذه : ________

١١. جلس + تِ : ________

١٢. طال + ما (غير الكافة): ________

١٣. قلَّ + ما (الكافة) : ________

١٤. على + ما (غير الاستفهامية): ________

١٥. مِنْ + ما (اسم موصول): ________

١٦. إلى + ما ؟: ________

١٧. في + ما ؟ : ________

١٨. عند + إذْ: ________

١٩. جلّ + ما (غير الكافة): ________

٢٠. أنْ (المخففة) + لا : ________

ملحق (١) إجابات الاختبار الأول

١. الكلام.

٢. الوصل.

٣. ماضي السداسي.

٤. أمر السداسي.

٥. مصدر السداسي.

٦. ماضي الرباعي.

٧. القطع.

٨. مصدر الخماسي.

٩. أمر الثلاثي.

١٠. أل التعريف.

ملحق (٢): إجابات الاختيار الثاني

١. ألفاً
٢. على ألف
٣. دائماً
٤. ألف
٥. ألف
٦. واو
٧. نبرة
٨. ألف
٩. واو
١٠. نبرة
١١. واو
١٢. واو
١٣. واو
١٤.نبرة
١٥. نبرة
١٦. نبرة
١٧. نبرة
١٨.نبرة
١٩. نبرة
٢٠. انفراد
٢١. ألف
٢٢. ألف
٢٣. منفردة، نبرة
٢٤. انفراد
٢٥. نبرة
٢٦. انفراد
٢٧. انفراد
٢٨. نبرة
٢٩. ألف
٣٠. واو
٣١. ياء
٣٢. لا توضع
٣٣.لا تأخذ

ملحق (٣) : إجابات الاختبار الثالث

١. اسم مبني
٢. اسم أعجمي
٣. الأصل واو
٤. حرف
٥. حرف
٦. الأصل واو
٧. الأصل واو
٨. حرف
٩. الأصل واو
١٠. اسم مبني
١١. اسم أعجمي شاذ
١٢. اسم مبني شاذ
١٣. حرف شاذ
١٤. الأصل ياء
١٥. الأصل ياء
١٦. فوق الثلاثي
١٧. فوق الثلاثي
١٨. اسم أعجمي شاذ
١٩. الأصل ياء
٢٠. فوق الثلاثي
٢١. عادية
٢٢. عادية
٢٣. استثنائية
٢٤. استثنائية
٢٥. عادية
٢٦. عادية
٢٧. استثنائية
٢٨. استثنائية
٢٩. عادية
٣٠. عادية

ملحق (٤): إجابات اختبار الرابع

١. العراء.

٢. الجنوب.

٣. الرجل.

٤. التفاح.

٥. القوة

٦. الظل

٧. الباهي

٨. النادي

٩. الفائز

١٠. الزلازل

ملحق (٥): إجابات الاختبار الخامس

١. ثلاثي.

٢. أصلية.

٣. المفتوحة

٤. حرف

٥. مفتوحة

٦. الساكنة

٧. الفاعل

٨. المبالغة

٩. وسط

١٠. هاء

ملحق (٦): إجابات الاختبار السادس

١. صواب

٢. خطأ.

٣. خطأ.

٤. صواب

٥. صواب

٦. صواب

٧. صواب

٨. صواب

٩. صواب

١٠. خطأ

ملحق (٧): إجابات الاختبار السابع

١. الألف

٢. واو الفاعل

٣. أصلية

٤. المذكر السالم.

٥. ألف

٦. منصوب منون

٧. الهمزة، الألف

٨. الهمزة، ألف

٩. المربوطة

١٠. واو

ملحق (٨): إجابات الاختبار الثامن

١. وقتئذٍ

٢. مِمَّ ؟

٣. ممّن ؟

٤. إلاّ

٥. كيما

٦. لئلا

٧. كل ما

٨. كما

٩. لأنت

١٠. هذه

١١. جلستِ

١٢. طال ما

١٣. قلّما

١٤. على ما

١٥. ممّا

١٦. إلامَ؟

٢٠. أنْ لا

١٧. فيمَ؟

١٨. عند إذ

١٩. جلّ ما

ملحق (٩) : سجل الدرجات

درجتك في الاختبار الأول من ١٠٠: ————

درجتك في الاختبار الثاني من ١٠٠: ————

درجتك في الاختبار الثالث من ١٠٠: ————

درجتك في الاختبار الرابع من ١٠٠: ————

درجتك في الاختبار الخامس من ١٠٠: ————

درجتك في الاختبار السادس من ١٠٠: ————

درجتك في الاختبار السابع من ١٠٠: ————

درجتك في الاختبار الثامن من ١٠٠: ————

مجموع درجاتك في الاختبارات الثمانية: ————

معدل درجاتك من ١٠٠: ————

تطلب جميع كتب المؤلف من الناشر (دار الفلاح للنشر والتوزيع).

ص. ب ٨١٨ - صويلح ـ الأردن

كشاف الموضوعات

كتب للمؤلف

١. المهارات الدراسية

٢. أساليب تدريس اللغة العربية.

٣. معجم علم الأصوات.

٤. دليل الطالب في التربية العملية

٥. تعلم الإملاء بنفسك

٦. التراكيب الشائعة في اللغة العربية

٧. دراسات لغوية

٨. قواعد تحويلية للغة العربية

٩. معجم علم اللغة النظري (إنجليزي – عربي)

١٠. قاموس التربية (إنجليزي – عربي).

١١. الأصوات اللغوية

١٢. الحياة مع لغتين

١٣. تعليم اللغة

١٤. معجم عام الأصوات

15. Contrastive Transformational Grammar: Arabic and English.

16. Teaching English to Arab Students.

17. The Light of Islam.

18. The Need for Islam.

19. A Workbook for English Teaching Practice.

20. Language Teaching.

21. English as a Foreign Language.

22. Programmed TEFL Methology.

23. Learn Arabic by Yourself.

24. A Dictionary of Islamic Terms (Arabic – English).

25. The Teacher of English.

26. A Dictionary of Applies Linguistics (English – Arabic).

Printed in the United States
By Bookmasters